Next・教科書シリーズ

地方自治法

[第2版]

池村 好道・西原 雄二 編

弘文堂

はじめに［第2版］

　令和元 (2019) 年に本書の初版を公刊してから4年が経過した。その後今日まで、「デジタル社会の形成を図るための関係法律の整備に関する法律」によって地方公共団体等の個人情報保護法制も国の「個人情報保護法」の下で共通ルール化が進められるなど、地方自治を取り巻く法制度にも、未施行のものを含め、変化がもたらされた。また、地方公共団体の議会の議員に対する出席停止の懲罰が司法審査の対象となるものと判示し、判例変更を行った「出席停止処分取消等請求事件」の大法廷判決をはじめ、新たな判例の集積も見られた。さらには、地方自治法の法源として極めて重要な役割を演ずる条例の制定にも、若干の新味が加わってきている。

　このような地方自治法制をめぐる新たな動向をも踏まえ、このたび本書の第2版を公にすることとした次第である。

　本書の初版のはしがきには、「法学部等での講義『地方自治法』やゼミナール・演習等のテキストとして、また、学部を問わず、将来公務員として地方自治を担おうと考えている大学生一般に向けた入門書・概説書として」本書を世に送り出す旨が記されている。この基本方針は、今般の改版に当たっても変えていない。

　そのうえで、先に触れた新たな動向について加筆した。よりわかりやすくなるよう従来の説明に修正を加えたところもある。さらには、地方自治の法制度をより身近なものとして捉えてもらうことに意を用い、「コラム」もより充実したものとなるよう努めた。学習者の皆さんには、本書の活用を通じて地方自治法制への理解を深めてほしいものである。

　末尾となるが、第2版の刊行に向け、弘文堂編集部の世古宏氏と小林翔氏には、多大のご支援とご尽力をいただいた。両氏に心からのお礼を申し上げたい。

2023年12月

執筆者を代表して　池村好道・西原雄二

はじめに［初版］

　日本国憲法は第8章で「地方自治」を保障し、それを受け、昭和22（1947）年に「地方自治法」が制定されている。地方自治法は、地方公共団体の種類、組織、運営、財務、住民の権利、国との関係等を詳細に規定している。同法は、地方自治にかかわる法体系の中核をなすものであり、住民に身近な行政は地方公共団体が自主的・総合的に担うことを根本理念としている。

　地方自治制度については、地方公共団体の事務に国がどの程度関与するのか、地方財政の自主性をどのように高めるのか、住民の権利をどのように保護するのか等に関して課題も多い。地方自治法には、時代の流れとともに、これまで度重なる法改正が行われてきており、地方自治法制の改革に向けた検討も継続的に行われてきている。

　このような状況を踏まえたうえで、本書は、法学部等での講義「地方自治法」やゼミナール・演習等のテキストとして、また、学部を問わず、将来公務員として地方自治を担おうと考えている大学生一般に向けた入門書・概説書として、編集するものである。

　本書においては、地方自治をめぐる法制度および法理論について読者に基礎的理解を得させるため、とりわけ、次のような点に留意して執筆を行っている。

(1)　地方自治法を中心に重要なテーマを取り上げ、通説的な立場を基本に、できるだけ平易に解説する。

(2)　地方自治をめぐる近時の動向を多く紹介、法的に分析することを通じて、ヴィヴィッドかつ身近な問題として地方自治を捉えさせる。

(3)　さらなる学習へと誘うため、必要に応じて、関連したトピックスを「コラム」等で取り上げる。

(4)　読者の理解を助けるために、図や表を適宜取り入れる。

　地方自治法は、誰もが身近である地方自治についての最も基本的な法律であり、同法を中心に地方自治法制に親しむことは、私達の日々の暮らしの向上につながるものである。また、法学部生をはじめ、公務員試験や法律資格試験等を受ける人は多い。そのような人たちにも、本書を通じて、

地方自治法制に関して求められる知識の基礎を固め、さらに理解を深めるためのよすがとして欲しいものである。

　最後になるが、本書の出版にあたっては、弘文堂編集部の世古宏氏に並々ならぬご配慮とご尽力を賜った。ここに執筆者一同、深甚の謝意を表する次第である。

2019 年 7 月
執筆者を代表して　　池村好道・西原雄二

略語表

法令名 （略語の五十音順）

（表記なし）	地方自治法
一般法人	一般社団法人及び一般財団法人に関する法律
河	河川法
会社	会社法
介保	介護保険法
教育行政	地方教育行政の組織及び運営に関する法律
行政個人情報	行政機関の保有する個人情報の保護に関する法律
行政情報公開	行政機関の保有する情報の公開に関する法律
行組	国家行政組織法
行訴	行政事件訴訟法
行手	行政手続法
警	警察法
憲	日本国憲法
建基	建築基準法
戸	戸籍法
公選	公職選挙法
交付税	地方交付税法
公文書管理	公文書等の管理に関する法律
国健保	国民健康保険法
国公	国家公務員法
個人情報	個人情報の保護に関する法律
災害基	災害対策基本法
市町村合併特	市町村の合併の特例に関する法律
自治令	地方自治法施行令
社福	社会福祉法
住民台帳	住民基本台帳法
食品衛生	食品衛生法
精神	精神保健及び精神障害者福祉に関する法律
地域保健	地域保健法
地公	地方公務員法
地公企	地方公営企業法
地財	地方財政法
地財健全化	地方公共団体の財政の健全化に関する法律
地税	地方税法
地独行法	地方独立行政法人法
独行個人情報	独立行政法人等の保有する個人情報の保護に関する法律
都計	都市計画法
土地基	土地基本法
内	内閣法

内閣府　　内閣府設置法
番号　　　行政手続における特定の個人を識別するための番号の利用等に関
　　　　　する法律
民　　　　民法
労組　　　労働組合法

判例

最大判（決）　最高裁判所大法廷判決（決定）
最判（決）　　最高裁判所判決（決定）
高判（決）　　高等裁判所判決（決定）
地判（決）　　地方裁判所判決（決定）

判例集

民集　最高裁判所民事判例集
刑集　最高裁判所刑事判例集
行集　行政事件裁判例集
判タ　判例タイムズ
判自　判例地方自治
判時　判例時報

目　次　█　Next教科書シリーズ『地方自治法』［第2版］

第 1 章

地方自治法序論

本章のポイント

1. 地域の「自立」と「自律」を内容とする「地方自治」の現代的意義・役割を的確に捉え、それを地方自治の法制度の解釈等に適切な形で投影することが、地方自治法を考究する上で重要なことといえる。

2. 地方自治の歴史を学ぶ。19 世紀後半、近代日本の誕生とともに地方の統治に関する法律が作られた。明治憲法制定前と制定後に分けてその歴史を振り返ってみよう。

3. 日本国憲法と地方自治について、条文を中心に学修する。地方自治の基本原則（憲 92 条）、地方公共団体の機関・直接選挙（憲 93 条）、地方公共団体の権能（憲 94 条）、特別法と住民投票（憲 95 条）の内容を理解しよう。

1 地方自治の意義と機能

　そもそも「自治」とは一般的に、「自らのことは自らで処理すること」を意味し、すなわち「自立」（独り立ちすること）と「自律」（自ら律すること）をその内容として含む。この「自治」の概念は、例えば憲法学上も「大学の自治」の形で用いられており、その場合は「自律」に比し「自立」の方が強調される傾向にあるが、「地方」と組み合わせて用いられる「地方自治」の場合は、各地方（＝地域）の公共的な任務を国から独立した地方団体が住民の意思に基づき自主的に処理することを指し、そこでは「自立」と並んで「自律」の方も大いに重視される（後出3節に触れるように、地方自治をめぐる学問的タームとの関係では「自立」は「団体自治」と、「自律」は「住民自治」と照応する）。なお、国と地方のあり方をめぐりしばしば語られる「地方分権」や、法的概念には親しみにくく、むしろ政治的スローガンとして用いられることのある「地域主権」という「地方自治」の類語には、地方における公共的任務を国が自ら中央集権的に処理する「官治」方式に対し、地方の公共的任務の処理における「自治」方式、すなわち「自立」と「自律」の方式をより充実させようとする意図を汲みとることができ、しかも「自立」と「自律」とでは特に「自立」面の一層の強化を図ろうとの方向性が強調されているものとみなされよう。

　このような意味での「地方自治」は、それでは何故日本を含め各国で一般的に必要視されるのか。この問題を考える上での前提としては、中世ヨーロッパの都市国家（例えば「ハンザ同盟」の盟主）が享受した自治のように、領主、君主との政治的対抗関係の中に地方自治を位置付けることはもはや不可能なのであって、今日では地方自治も民主主義国家の中においてレーゾン・デートルを明確化される必要がある、という点が確認されるところである。その上で地方自治の現代的役割・機能、特に日本におけるそれを探るならば、主要なものとしては次の4点を指摘することができよう。

　第1は、権力の集中を抑止するという役割・機能である。つまり、一般に権力の集中は専制的傾向を助長し、権力の濫用や腐敗を生じやすく、そこで国レベルでは立法権・行政権・司法権の間で権力を分立させ、チェッ

ク・アンド・バランスを図ることが肝要とされ、それが近代憲法の理念ともされているところであるが、このような水平的権力分立に加えて、国と地方（地域）との間に権力を分散させて垂直的な権力分立を確立することも、同様に権力集中による弊害を防ぐ上で極めて重要なのである。そしてこの垂直的権力分立の重要性は、特に先の「自立」にかかわるところが大きく、わが国1960年代の「新中央集権体制」の下で「中央による箇所付け」、「陳情政治」が隆盛を極め、地方選挙では「中央とのパイプ」が候補者の売りとされて、そのような結果として利益誘導型政治が政治的腐敗を生む温床ともなったという歴史的経緯に照らせば、容易に理解されうるところである。

　第2は、地方自治の有する教育的効果である。この点は主に「自律」の面にかかわり、地域住民が身近な地域の公共的課題を自主的、積極的に解決しようと訓練を積むことは、公共的精神を涵養し、国全体の民主政治の基礎・基盤を培うことへとつながるということを意味するのであって、同旨の指摘は、イギリスのブライス（James Bryce）がその著『近代民主政治』（1921年）の中で述べた、「地方自治は、民主政治の最良の学校であり、その成功の最良の保証人である」という言葉に代表されるところである。そして、このような教育的効果は、中央、地方の別なく民主政治が未熟な場合にあって、特に強調されよう。なお、わが国の明治憲法制定期にあって自治義務を強調したと評される「市制町村制」という法律（明治21〔1888〕年）の趣旨を述べる『市制町村制理由』（同年。A. モッセ起草）の中にも、「人民参政ノ思想発達スルニ従ヒ之ヲ利用シテ地方ノ公事ニ練習セシメ施政ノ難易ヲ知ラシメ漸ク国事ニ任スルノ実力ヲ養成セントス是将来立憲ノ制ニ於テ国家百世ノ基礎ヲ立ツルノ根源タリ」との記述がみられるところではある。

　第3は、「自立」と「自律」を理念的要素とする地方自治によって、より地域の実情に即した公共的任務の処理（しかも効率的な処理）が可能となるという点である。すなわち、各地域は自然条件的にも（寒冷か温暖かなど）、社会的条件においても（過疎化、少子高齢化の進行度など）決して一様ではなく、したがって処理を要する公共的任務も多かれ少なかれ地域ごとに異なることから、国が出先機関（「地方支分部局」）を地方に張り巡らすこと等を通じて

地域の公共的課題を中央集権的（官治的）に処理する方式は、基本的には適切とはいえず、むしろ各地域、それぞれの地域住民がその創意・工夫を凝らして政策、施策等を企画、選択、実施する余地を広く認めていくことの方が、豊かな地域社会の実現には一層資するものと考えることができよう。確かに、ナポレオン戦争後のドイツや革命期のフランスにおける近代的地方自治制度の形成には、強固な統一国家を確立する上での国家の末端的機構の整備として位置付けるという思潮が強かったし、わが国でも、戦前は勿論、戦後においても、キャッチ・アップ型の成長が国の目標とされ続けている時期までは、同様の傾向が色濃くみられたところではある。しかし、少なくとも日本に即して考えれば、このような傾向がもたらした歴史的意義は否定されるべきではないものの、高度成長期を経て以降は、高度成長に対する各種反動現象（公害問題、過密・過疎問題など）を経験したことも相俟って、地方の実情や特性を踏まえた上で「真の豊かさ」を追求することが不可避となってくるにつれて、地方自治の充実こそが豊かな地域社会の創造に大きく貢献するものであるとの見方が強く要請されなければならなくなってきているし、その際は各地域間の政策等をめぐる競争力（政策等の先導性）すら問われることとなりつつあるのである。

　第4は、地方自治が、人間の本性に根ざした「補完性の原理」(the principle of subsidiarity) という思想に応えうるある種自然な現象、制度であるという点である。この「補完性の原理」は、世界標準とまでは言い難いとしても、1988年発効のヨーロッパ地方自治憲章、1993年発効のマーストリヒト条約、1992年改正後のドイツ連邦共和国基本法（23条）等に盛り込まれるなど、ヨーロッパを中心に広まりつつある地方自治の嚮導原理であって、生活上の問題の解決は個人自身でまたは家族で行うことを基本とし、それが不可能な場合に漸く補完的に基礎的自治体（市町村）による解決を要請すべきなのであり、以下同様の趣旨で広域的自治体（都道府県）→国→国際機関へという異なったステージでの問題解決を要請していくべし、という内容をもつ。中央集権に対抗して唱えられる下降型の分権思想とは逆方向の上昇型の分権思想を反映している。古くはアリストテレスにまで遡ることができるといわれ、より下位の社会構成単位を優先する思想・社会哲学に基づいたものである。蓋し、自己のことは他者に決められたくはないとい

う人間の本性に根ざした考え方とみなしうる。このようにして、地方自治、なかんずく「自立」は、地域住民の人間性を淵源とする「補完性の原理」を拠り所としており、それだけに、自然にして十分な尊重に値する制度的理念であるとみられるのである。

　以上、地方自治の現代的役割・機能の代表格と認められるところを4点挙げたが、これら諸点には、現行の地方自治法制の解釈と運用（特に政策法務）、さらには地方自治をめぐる今後の立法政策へと適切に投影されることが期待されていよう（例えば、自助を強調しすぎることには危険も伴うという具合に、それら諸点が法制度へとどの程度反映されうるか、されるべきかは慎重に見極める必要はあろうが）。

2 地方自治の歴史（戦前・戦後）

　明治22（1889）年に制定された明治憲法には地方自治に関する規定はなかった。昭和22（1947）年に施行された日本国憲法は、地方自治について第8章に4か条の原則的な規定をかかげ、法律をもってしてもこれを変改することのできないものとしている。

A　地方自治の歴史（戦前）

　19世紀後半、近代日本の誕生とともに地方の統治に関する法律が作られた。以下に、明治憲法制定前（慶応時代から明治初期）と明治憲法制定後（明治20年代〜昭和初期）に分けてその歴史を振り返ってみたい（参考資料として総務省ウェブサイトの文章を多く引用した）。

[1] 明治憲法制定まで

　慶応4（1868）年に政体書が制定され、旧幕領を府県とする府藩県三治の制が整い、知府事・諸侯・知県事配置がなされ、明治に入ると、明治2（1869）年には版籍奉還諸侯を知藩事に任命した。その後、明治4（1871）年、戸籍法が制定され、全国に区が設置され、戸長・副戸長が配置された。ま

た、廃藩置県知藩事の職を免じ、全国に3府302県が設置されることとなった。そして、府県に知事・県知事（その後、県令）を置いた。

その後も郡区町村の編制、府県会の設置、地方税規則の制定などを経て、明治13（1880）年には区町村会法制定区町村に公選議員からなる区町村会を設け、公共に関する事件およびその経費の支出・徴収方法の議定権を付与した。また、明治19（1886）年、地方官官制の制定により府知事・県令の名称を知事に統一した。さらに、明治21（1888）年に市制・町村制を制定し、市町村に独立の法人格を認め、公共事務や委任事務を処理するものとし、条例・規則の制定権を与えた。市町村会は、公民の等級選挙制に基づく公選名誉職議員で構成され、市町村に関する一切の事件および委任された事件を議決することとなった。執行機関は、市は市長および市参事会（市長・助役・名誉職参事会員で構成）、町村は、町村長とし、市長は市会から推薦のあった者のうちから内務大臣が選任し、他は市会・町村会で選挙した。

[2] 明治憲法制定後

明治22（1889）年に明治憲法（大日本帝国憲法）が発布された。明治憲法には、地方自治に関する規定はなく、前述した市制・町村制、その後明治23（1890）年に府県制・郡制が敷かれる等、法律・勅令レベルで地方の政治・行政のあり方が定められていた。また、内務省の官僚が知事（府・県）・長官（都・道）を務めるなど、中央からのコントロールが強かったため、地方自治は十分なものとはいえなかった。地方自治の組織や運営は、国の立法政策に委ねられていたのである。しかしながら、明治憲法制定前と同様に法制定その他多くの動きがあったことに留意すべきである。

府県制・郡制が制定された。それは、国の行政機関としてではなく、地方公共団体としての府県・郡について規定したものだった。しかし、明治32（1899）年には府県制・郡制は大きく改正されることとなった。府県を法人と明定し、官の監督を受け、法律命令の範囲内で公共事務や委任事務を処理するものとしたのである。その後、明治44（1911）年には、市制・町村制が改正された。市町村を法人制とし、その権能・負担の範囲を明確化した。また、市の執行機関を独任制の市長とし、市参事会は副議決機関とするなどした。さらに、市参与制度を設置し、市町村会議員・財務に関す

る規定も整備し、市町村組合制度を創設するなどした。

　大正時代に入ると、新たに様々な変革がみられた。大正 10（1921）年、市制・町村制が改正された。直接市町村税納税者を公民とし、町村会議員の等級選挙を廃止し、市を 3 級選挙制から 2 級選挙制に改め、議員選挙の規定の整備を行った。また、地方公共団体としての郡を廃止し、地方公共団体を二層化し、郡は純然たる国の行政区画となった。大正 11（1922）年には、府県制を改正し、府県会議員の選挙権・被選挙権を府県内の直接国税納入者に拡大した。さらに、大正 15（1926）年には、府県制、市制、町村制等を改正し、市町村会議員、道府県会議員について普通選挙制を導入した。そして、市長は市会による選挙により選任されることとし、町村長選任時の府県知事の認可を廃止した。

　続いて、昭和時代も、数多くの変化があった。昭和 4（1929）年、府県制、市制、町村制等が改正された。道府県に条例・規則制定権を付与し、議員に発案権および議会招集請求権を付与した。知事の原案執行権の制限強化、議会の知事に対する権限委任規定整備も行った。市町村会議員に発案権を付与し、市町村会・市参事会の意見提出権を拡大し、市参事会の構成を変更し、市町村長の原案執行権を制限し、議会の市町村長に対する権限委任規定を整備するなど数多くの改革を行った。

　戦時中の昭和 18（1943）年には、府県制、市制、町村制等を改正し、市町村および市町村長等に対する国または道府県等の事務委任根拠を法律勅令から法律命令に拡大した。市長は市会の推薦を受けて内務大臣が選任、町村長は町村会において選挙し、府県知事が認可、市町村長に市町村内の団体等に対する指示権を付与した。また、町内会を市町村長の支配下に置くものとして法文上明定した。市町村会の議決事項を制限列挙し、軽易事項の議決は不要とした。道府県についても法律命令による新たな事務委任を認めるなど同趣旨の改正を行った。さらに、東京都官制を制定し、東京府・東京市・区を廃し、東京都を設置した。旧東京市の区域に法人格を有する区を設置、都の長として東京都長官を設置した。

B　地方自治の歴史（戦後）

　戦後、昭和 21（1946）年に東京都制、府県制、市制、町村制が改正され

た。その内容は、①住民の選挙権・被選挙権を拡充、②都道長官・府県知事・市町村長の公選、③議会の権限強化、④議会の解散権を長に付与、⑤選挙管理委員会・監査委員の制度の創設、⑥直接請求制度の創設、⑦市町村に対する許認可事項の大幅整理であった。そして、日本国憲法が制定され、日本における地方自治は大きな転換点を迎えることになったのである。

　以下に、日本国憲法制定後の地方自治の展開を昭和時代と平成時代に分けて述べていく。

[1] 昭和時代

　昭和21（1946）年11月3日に公布された日本国憲法は、翌昭和22（1947）年5月3日に施行された。また、昭和22（1947）年、地方自治法が制定された（4月17日公布、施行は日本国憲法と同じ5月3日）。そして、東京都制・道府県制・市制・町村制を統合し、知事以下の都道府県職員の身分を官吏から地方公務員へと改めた。警察法（昭和22〔1947〕年12月17日公布、その後全面改正されたため、旧警察法とよばれる）が制定され、国家地方警察と自治体警察（市および5,000人以上の町村）を置いた。なお、警察法は、昭和29（1954）年に全部改正され、国家地方警察と自治体警察を廃止し、都道府県警察に一元化した。

　昭和23（1948）年、地方財政法が制定された。また、教育委員会法も制定され、都道府県・市町村に教育委員会（公選）を設置した。食糧確保臨時措置法も制定された。さらに、同年には、都道府県・市町村に農業調整委員会が設置された。昭和24（1949）年には、漁業法が制定され、都道府県に漁業調整委員会が設置された。

　以後、公職選挙法の制定、地方公務員法の制定、地方税法の制定など様々な改革が進んだわけであるが、地方自治法の重要な改正について列挙しておく。

- 昭和25（1950）年：直接請求の手続の整備
- 昭和27（1952）年：①都道府県、市町村の執行機関の組織の簡素化、②簡易な共同処理方式の導入、③内閣総理大臣・都道府県知事に勧告権を付与、④特別区長の公選制を廃止
- 昭和31（1956）年：①都道府県と市町村間の地位・機能の明確化、②議

会の定例会と常任委員回数の制限、③都府県の部局の制限、④内閣総
理大臣、都道府県知事の適正な事務処理の確保措置に関する規定の制定、
⑤指定都市制度創設
- 昭和 38（1963）年：地方財務会計制度の整備、地方開発事業団の創設
- 昭和 49（1974）年：①東京都特別区長公選制の採用、②都と特別区の事
務配分、都の配属職員制度の廃止、③複合事務組合の創設

[2] 平成時代

　さて、次に、時代が平成になってからの地方自治の展開について、地方
自治法の改正を中心に列挙を続ける。
- 平成 3（1991）年：①機関委任事務制度の見直し（職務執行命令訴訟制度・長
  の罷免の廃止）、②議会運営委員会などの設置、③公の施設の管理委託制度
  の充実
- 平成 6（1994）年：中核市制度および広域連合制度の創設
- 平成 9（1997）年：外部監査制度の導入
- 平成 10（1998）年：①特別区を「基礎的な地方公共団体」として設定、②
  特別区の自主性・自立性の強化、③都から特別区への事務の移譲（清掃事
  務その他）

　そして、平成 11（1999）年、地方自治法の大改正が行われた。その内容
を 5 つに分けて説明する。

（1）機関委任事務制度の廃止など

　①機関委任事務制度を廃止するため、関連規定を削除・改正した。②地
方公共団体の役割と国の配慮に関する規定を創設した。③自治事務および
法定受託事務の定義を創設した。④条例制定権、議会の検査・調査、監査
委員の監査等の規定を整備した。⑤手数料の条例化、国の財源措置義務規
定の整備を行った。

（2）地方公共団体に対する国または都道府県の関与のルールの作成

　①関与の基本原則として、関与の法定主義と関与の必要最小限の原則を
定めた。②関与の基本類型を設定した。③地方自治法に基づき行うことが
できる関与についての規定を整備した。④法定受託事務に係る処理基準を
設定した。⑤関与の手続ルールを整備した。

(3) 国・都道府県の関与についての係争処理制度の創設

①国地方係争処理制度を創設した。②自治紛争調停制度を拡充し、自治紛争処理制度として再構成した。③関与に関する訴訟制度を創設した。

(4) 都道府県と市町村の新しい関係の構築

①都道府県の処理する事務を再構成した。②条例による事務処理の特例制度を創設した。

(5) 地方行政体制の整備

①議員定数制度を見直した。②議案提出要件および修正動議の発議要件を緩和した。③中核市の要件を緩和した。④特例市制度を創設した。

この平成11 (1999) 年の法改正は、地方分権を旗印に21世紀という新しい時代の国と地方の関係を構築するための大改革であったといえよう。

さて、それでは次に、それ以降の改正状況について列挙していく。

- 平成14 (2002) 年：①直接請求の要件緩和、②住民訴訟制度等の充実（訴訟類型の再構成〔被告：長や職員個人→執行機関〕など）、③中核市の指定要件の緩和、④地方議会制度の充実（議員派遣についてその根拠および手続を明確化など）

- 平成15 (2003) 年：①指定管理者制度の導入、②都道府県の局部数の法定制度の廃止

- 平成16 (2004) 年：①地域自治区の創設、②都道府県の自主的合併手続等の整備、③議会の定例会の招集回数の自由化、④条例による事務処理特例の拡充、⑤財務会計制度の見直し（長期継続契約の対象範囲拡大、支出命令の簡素化）

- 平成18 (2006) 年：①出納長・収入役制度の廃止など（市町村の助役を副市町村長へ）、②監査委員定数の増加の自由化、③地方六団体への情報提供制度の導入、④吏員の廃止、⑤財務会計制度の見直し（クレジットカード納付、行政財産の貸付範囲の拡大など）、⑥議会制度の見直し（臨時会の招集請求権を議長へ付与、委員会の議案提出権の創設など）、⑦中核市要件の緩和（面積要件の廃止など）

- 平成23 (2011) 年：①議員定数の法定上限の撤廃、②議決事件の範囲の拡大、③行政機関等の共同設置の対象の拡大、④全部事務組合等の廃止、⑤地方分権改革推進計画に基づく義務付けの廃止、⑥直接請求制度の改

正（請求代表者の資格制限の創設など）

- 平成 24（2012）年：①条例による通年会期の選択制度の導入、②臨時会の招集権を議長へ付与、③議会運営に係る法定事項の条例委任など、④議会の調査に係る出頭等の請求要件の明確化（議員修正）、⑤政務調査費制度の改正（議員修正）、⑥議会と長との関係の見直し（再議制度、専決処分制度など）、⑦直接請求の要件緩和（解散・解職に必要な署名数要件の緩和）、⑧国などによる違法確認訴訟制度の創設、⑨一部事務組合等からの脱退手続の簡素化など

- 平成 26（2014）年：①指定都市制度の見直し（区の分掌事務に係る条例制定、総合区制度の創設、指定都市都道府県調整会議の設置）、②中核市制度と特例市制度の統合、③新たな広域連携（連携協約、事務の代替執行）の制度の創設、④認可地縁団体が所有する不動産に係る登記の特例

- 平成 29（2017）年：①内部統制に関する方針の策定、②監査制度の充実強化、③決算不認定の場合における長から議会への報告規定の整備、④地方公共団体の長等の損害賠償責任の見直しなど

　以上、平成になってからの地方自治の歴史を振り返ってみた。平成 11（1999）年 7 月に地方分権改革を目指した大改正（平成 12〔2000〕年 4 月 1 日施行）が行われたことがターニングポイントであったと思われる。この改正によって機関委任事務は廃止され、国と地方の関係は「上下・主従」の関係から「対等・協力」の関係へと変わったといえよう。

　地方自治は、中央集権的な明治時代の統治システムから大正、昭和そして平成の時代にそのかたちを大きく変えてきた。令和という新しい時代においても、AI その他科学技術の進歩をはじめ社会の劇的な変化に対応するため、法改正の歩みを続けることになろう。

▌コラム▐ 市町村合併（明治・昭和・平成）

　地方自治法の改正を中心に地方自治の歴史を概観したが、市民目線で地方自治を考えた場合、市町村合併が身近な問題として印象深く、記憶に残っていると思われる。そこで、市町村合併を例に出して地方自治の歴史を見てみよう。

　これまで国主導の大合併は3回あった。第1は明治21 (1888) 年、地方制度の確立に際して、約7万の町村が5分の1に減った「明治の大合併」、第2は昭和30年代前半、戦後の政治システム確立期に約1万の市町村が3分の1に減った「昭和の大合併」、そして地方分権改革時の「平成の大合併」である。

　「平成の大合併」は、平成7 (1995) 年の合併特例法に始まり、平成17 (2005) 〜平成18 (2006) 年にかけて市町村合併の動きが活発化した。国は、住民発議制度の創設や、合併特例債に代表される財政支援策のほか、中核市や特例市など権限を拡充した都市制度の創設、市や指定都市への昇格の際の人口要件緩和などによって、市町村の自主的合併を促してきた。平成17 (2005) 年の合併三法によって合併特例債に期限が設けられたことで合併が加速した。

　その結果、平成11 (1999) 年に3,232あった市町村の数は、平成17 (2005) 年4月には2,396となり、平成22 (2010) 年3月末には1,727に減少した。令和5 (2023) 年9月現在、1,718 (内訳は、市：792、町：743、村：183) であり、東京の特別区の23を加えた1,741が自治体の総数となっている。合併によって地方自治体の規模は大きくなるが、住民の意思が行政に反映されにくくなるとか、役所が減ることできめ細かいサービスが受けられないなどの批判もある。

3　日本国憲法と地方自治

　日本国憲法は、地方自治の一般原則を「地方公共団体の組織及び運営に関する事項は、地方自治の本旨に基いて、法律でこれを定める」(憲92条) と規定し、地域住民に身近な地域的事務は、国から独立した地方公共団体を設置し (団体自治)、住民の意思に即して実施する (住民自治) こととした。この団体自治と住民自治が「地方自治の本旨」である。

　日本国憲法は、第8章で地方自治について定めたわけであるが、これは、

地方自治が中央政府への権力の集中を妨げるという自由主義的な側面と、「地方自治は民主主義の学校である」（ブライス〔James Bryce〕『近代民主政治』、トックビル〔Charles Alexis Henri Clérel de Tocqueville〕『アメリカの民主政治』）という民主主義的な側面とに着目したものと考えられる。

　このように、日本国憲法には、明治憲法とは異なり地方自治の規定が置かれている。そして、憲法上保障される地方自治の性質について学説が以下の３つに分かれるが、③の制度的保障説が通説とされる。

①固有権説：個人が国家に対して固有かつ不可侵の権利を持つのと同様に、地方公共団体もまた固有の基本権を有するとする学説。

②承認説：地方自治は国が承認する限り認められるものであり、国は地方自治の廃止を含めて地方自治保障の範囲を法律によって定めることができるとする学説。

③制度的保障説：地方自治という制度を保障したとみる考え方で、この学説では、地方自治の本旨が、法律によっても侵すことのできない地方自治制度の本質的内容であるとする。

A　地方自治の基本原則

[1]　団体自治

　団体自治とは、国家のもとに一定の地域を基礎とする団体（地方公共団体）が、自己の目的、意思およびこれを具体化すべき機関をもち、上級統治団体である国家から独立してその地域内の行政を処理することをいう。近代的地方自治の普遍的本質的要素である。

　国家が行うべき任務の中には中央集権的に行うことが効率的な事務もある（外交、司法など）。しかしながら、地域の特性に即して各地域で自主的に処理したほうがよい事務もあるだろう。日本国憲法92条および94条は、中央政府と地方の事務の配分の決定権を基本的には国会に与えたものと解される。この点をめぐり、地域で処理可能な事務は、できる限り住民に身近な地方公共団体が処理すべきであって、それが困難な場合に中央政府が処理すべきだという「補完性の原理」が主張されることもある。

　団体自治は、フランスや戦前のドイツなどに代表される大陸系の国々にみられる概念である。

[2] 住民自治

　住民自治とは、地域住民による地域自治という政治現象ないしは法思想である。地方行政が当該地域住民の意思に依拠して処理されることをいう。日本国憲法93条にある地方公共団体の議会の設置、その長、その議会の議員、法律に定めるその他の吏員などの当該地域住民の直接選挙制の規定、また日本国憲法94条にある条例制定権の規定はこれを示している。

　住民自治は、イギリスやアメリカ合衆国などの国々にみられる、自治や分権を重視する概念である。

B　地方公共団体の機関

　日本国憲法は、「地方公共団体には、法律の定めるところにより、その議事機関として議会を設置する。地方公共団体の長、その議会の議員及び法律の定めるその他の吏員は、その地方公共団体の住民が、直接これを選挙する」と定める（憲93条）。本条は、地方公共団体の機関および地方公共団体の長、議員等の直接選挙を定め、住民自治を具体化する趣旨と解される。地方公共団体の長も、議会の議員も、直接選挙によって選出しなければならず、市町村長を都道府県知事の任命制にするようなことは認めていない。これは執行機関である長と立法機関である議会が対等の関係に立つ、いわゆる大統領制型に類しており、この点で議院内閣制を採用する国政とは異なる。

　普通地方公共団体に置かれる機関として、議会がある。議会は、地方公共団体の意思を決定する議決機関である。

　また、執行機関が置かれる。執行機関とは、自らの判断と責任において、事務を管理しおよび執行する機関をいう。例として、地方公共団体の長があり、さらに、教育委員会、選挙管理委員会、人事委員会、公安委員会（都道府県のみ）などがある。

　補助機関は、執行機関の事務執行を補助するための機関である。例として、副知事・副市町村長、会計管理者、職員、公営企業管理者などがある。

　附属機関は、執行機関の担任する事項について調停、審査、審議または調査などを行う機関である。例として、都道府県防災会議、都市計画審議会などがある。

以下に、[1] 住民、[2] 議会、[3] 執行機関に分けて解説する。

[1] 住民

「住民」とは、市 (区) 町村およびその属する都道府県の区域内に住所を有する者をいう (10条・283条)。

日本国憲法は、「地方公共団体の住民」は、その長、議会の議員等の選挙権を有する (憲93条) と規定しているが、地方自治法は、選挙権・被選挙権の資格を「日本国民たる普通地方公共団体の住民」に限定している (11条・18条・19条、公選9条)。ここで、定住外国人の地方参政権について日本国憲法が認めているかどうか議論がある。最高裁は、国民主権の原則や公務員の選定・罷免権を国民固有の権利としている (憲15条) ことから、日本国籍をもたない外国人は、選挙権を有する「地方公共団体の住民」に含まれないと判示し、定住外国人の参政権を否定したが、傍論として、居住する当該地方公共団体と密接な関係をもつにいたった定住外国人に地方選挙権を付与する法改正を行っても違憲ではないとの判断を示した (最判平成7・2・28民集49巻2号639頁)。

[2] 議会

地方における議会は、地方公共団体の住民の代表議会であり、その議決機関である都道府県議会、市町村議会、特別区の議会のことをいう。

地方公共団体には住民が直接公選する議員をもって組織する議会を置くことが憲法で求められている (憲93条)。なお、町村の場合には、議会に代えて選挙権者の総会を設けることができる (94条)。地方議会は地方公共団体の長と独立対等の関係にある。

議会において長の不信任の議決がなされた場合、長はその通知を受けた日から10日以内に議会を解散することができる (178条)。また、住民からの議会の解散請求およびそれに基づく住民投票によって解散が行われることがある (76〜79条)。

平成11 (1999) 年の地方自治法改正によって、人口区分別に議員定数の上限数を設け、その範囲内で各自治体が条例で定めるよう改めた。また議案提出要件および修正動議の発議要件が、ともに8分の1から12分の1に

緩和された。また、平成18 (2006) 年の改正では、臨時会の招集請求権を議長に付与したり、委員会に議案提出権（予算を除く）を認めるなど、最近の傾向としては議会の権限を強化している。

[3] 執行機関

地方における執行機関とは、地方自治法上、地方公共団体の長、および教育委員会などの各種委員会または委員をいう。

(1) 長

普通地方公共団体の長は、当該普通地方公共団体を統轄し、これを代表する（147条）。

都道府県には知事が、市町村には市町村長が置かれる（139条）。

長の任期は4年である（140条）。

(2) 長の補助機関

副知事（都道府県）および副市町村長（市町村）を置くこととされ、その定数は条例で定める。ただし、条例で置かないこととすることができる（161条）。

財務会計事務の執行における命令機関と執行機関を分離するため、会計管理者が置かれ、財務会計事務における執行機関として会計事務をつかさどることとされている（170条）。

会計管理者は、1人置くこととされており、会計管理者は、長の補助機関である職員のうちから長が命ずる（168条）。

(3) 委員会および委員 （180条の5）

委員会は、政治的中立性や公平性が求められる分野や、慎重な手続を必要とする特定の分野に限って設置されるものである。その設置や所掌する事務、組織のあり方などは、法律で定める。例として、教育委員会、選挙管理委員会、人事委員会、公安委員会（都道府県のみ）などがある。

(4) 附属機関 （202条の3）

附属機関は、執行機関からの要請によって審議や調査を行い、意見を述べるなどの機関である。法律によって設置が決められているものと条例で任意に設置するものがある。例として、都道府県防災会議、都市計画審議会などがある。

C　地方公共団体の権能

　日本国憲法は、「地方公共団体は、その財産を管理し、事務を処理し、及び行政を執行する権能を有し、法律の範囲内で条例を制定することができる」（憲94条）と定めている。

　条例は、地方公共団体の議会の議決を経て制定される自主立法である。罰則を定めることも可能である。ただし、条例の効力の及ぶ範囲は、原則として当該地方公共団体の区域内に限られる。なお、「条例の制定」には、地方公共団体の長によって制定される規則、さらには教育委員会などによって定められる規則制定も含まれる。

　それでは、[1] 法律と条例、[2] 日本国憲法14条と条例について以下に述べる。

[1]　法律と条例

　条例の制定ができるのは、法律の範囲内、とされているが、この「範囲内」という文言をめぐり、地方公共団体が独自に、条例において法律によって規制されていない行為について規制すること、または、法律よりも厳しい基準で特定の行為を規制することが可能かどうか議論となる。かつては、法令が規制対象としている領域は、およそ条例は制定できないという解釈が有力だったが、現在では、徳島市公安条例事件判決（最大判昭和50・9・10刑集29巻8号489頁）が示した条例の制定範囲に関する判断が有力となっている。すなわち、法律と条例で規定する事項が重複した場合でも、法律と条例の双方の趣旨・目的・内容および効果を比較して、両者の間に生ずる矛盾抵触関係の有無をもって条例が法律の範囲内かどうかを判断するというものである。

[2]　日本国憲法14条と条例

　それぞれの地方公共団体により、同種の行為に関して異なった条例を設けることが日本国憲法14条の法の下の平等に違反しないかという問題について、判例は、憲法が地方公共団体の条例制定権を認める以上、地域によって差別を生じることは当然予期されるため、違憲ではないとしている（売春等取締条例違反事件判決・最大判昭和33・10・15刑集12巻14号3305頁）。

D　特別法と住民投票

　日本国憲法は、「一の地方公共団体のみに適用される特別法は、法律の定めるところにより、その地方公共団体の住民の投票においてその過半数の同意を得なければ、国会は、これを制定することができない」と定める（憲95条）。

　国会で、ある特定の地方公共団体にだけ適用される特別な法律案が可決された後、その地方公共団体の住民による住民投票にかけられ、有効投票の過半数の賛成をもって初めて法律として成立する。ここで、「一の」とは、「特定の」という意味で、複数の地方公共団体に関する特別法もある。

　なお、近年では地方自治体の重要な課題について住民投票に関する条例を制定して政策決定を行う事例が増えてきている。

[1]　特別法に基づく住民投票

　日本国憲法95条は、国会が、特定の都道府県や市町村だけに関係するような「地方自治特別法」を制定するときは、その自治体で住民投票を行って同意を得る必要があると定めた条文である。日本国憲法95条に基づく住民投票は、昭和24（1949）年〜昭和26（1951）年の3年間に15件あったが、その後行われていない。

　平成9（1997）年の駐留軍用地特別措置法改正は、米軍占領下で強制収用された土地を、使用期限後も米軍が使えるようにするためであったが、実態として沖縄県にしか適用されないにもかかわらず、政府は「全国に適用可能」という立場を取って住民投票を行わなかった。

[2]　日本国憲法95条に基づかない住民投票

　日本国憲法95条に基づかない住民投票としては、地方自治法が首長の解職や議会の解散について問う住民投票を定めている。地方議会が条例を制定し、近隣自治体との合併などの個別テーマで民意を問う住民投票もある。ただし、条例に基づく住民投票には法的拘束力はない。したがって、首長や議会が結果を尊重しないこともありうる。

　まず、地方自治法76条から85条に規定される住民投票について述べる。これは、有権者の総数の3分の1以上の連署による議会の解散、議員・長

の解職の請求があった際に、住民投票を実施することになっている。投票で過半数の同意があったときは、それぞれ解散、失職となる。

　次に、条例に基づく住民投票であるが、当初は、特定の問題に対する特別措置として住民投票条例を制定する例が多かった。しかし、近年では、地方自治体の重大問題に対して恒常的に住民投票を行えるよう条例を制定する自治体も増えている。とくに、自治基本条例の中に住民投票の規定を設ける自治体もみられる。当該住民投票の最近の例として沖縄における住民投票が挙げられる。平成30（2018）年、沖縄県議会は、米軍普天間飛行場（宜野湾市）の名護市辺野古移設の賛否を問う県民投票条例案を賛成多数で可決し、平成31（2019）年2月24日に住民投票が行われた。その結果は、反対434,273票（71.74%）、賛成114,933票（18.99%）、どちらでもない52,682票（8.70%）、無効票3,497票（0.58%）であった。投票率は52.48%だった。

　地方自治体の条例に基づく住民投票に法的拘束力はないが、有権者の意思表示としての影響力も否めないため、今後、代表民主制を補完する直接民主制的要素としての住民投票という憲法学的視点、あるいは地域の実情を反映した国の政策に対する地域の意見表明という政治学的視点から、条例に基づく住民投票について考究する必要性が高まっているといえるのではないだろうか。

知識を確認しよう

問題

(1) 今日、国政と並んで地方自治が必要とされる理由について、説明しなさい。

(2) 地方分権改革を目指した地方自治法の改正（平成 11〔1999〕年）が行われたことで地方自治はどのように変わったか。改正条文をもとに検討しなさい。

(3) 地方自治の基本原則である「地方自治の本旨」について、説明しなさい。

指針

(1) 「自治」を構成する理念的要素である「自立」と「自律」が地方（地域）において果たす役割・機能を考えなさい。

(2) 平成 11（1999）年の地方自治法の改正によって機関委任事務が廃止されるなど、国と地方の関係において地方分権が進んだといえよう。本文中の改正内容をしっかりと確認しなさい。

(3) 「団体自治」、「住民自治」の意味を理解しよう。また、それぞれの概念が、大陸法系、英米法系の法思想に由来するという点にも留意して考察しなさい。

本章のポイント

1. 地方自治法は、地方公共団体を普通地方公
   共団体（都道府県・市町村）と特別地方公共
   団体（特別区・地方公共団体の組合・財産区）
   に分類している。
2. 同じ市であってもその規模には大きな差が
   あり、市の規模に応じた事務分配を行う大
   都市制度が採用されている。
3. 地方公共団体の組合とは、地方公共団体の
   事務を共同処理するために設けられる機関
   であり、一部事務組合（複合的一部事務組合
   を含む）、広域連合がある。
4. 広範な行政事務を能率的・効果的に実施す
   るため、地方公共団体は地方公営企業や地
   方独立行政法人、第三セクターを設けるこ
   とが可能である。

1 普通地方公共団体

A 地方公共団体の概念・種類

　日本国憲法は地方公共団体の存在を前提として地方自治の原則等につき規定しているが、何が「地方公共団体」にあたるかについては明示していない。最高裁は、憲法上の地方公共団体の意義につき、共同体意識や沿革、基本的権能の有無に基づいて判断すべきと判示している（最大判昭和 38・3・27 刑集 17 巻 2 号 121 頁。東京都の特別区が憲法上の地方公共団体か否かが争われた事件において、憲法上の「地方公共団体といい得るためには、単に法律で地方公共団体として取り扱われているということだけでは足らず、事実上住民が経済的文化的に密接な共同生活を営み、共同体意識をもっているという社会的基盤が存在し、沿革的にみても、また現実の行政の上においても、相当程度の自主立法権、自主行政権、自主財政権等地方自治の基本的機能を附与された地域団体であることを必要とする」とし、特別区は憲法上の地方公共団体にあたらないと判示）が、地方公共団体として成立するための要件については様々な考え方がある。一般的には、①一定の区域を有すること（場所的構成要素）、②その一定区域内に住民が存在すること（人的構成要素）、③住民によって構成される団体に法人格が認められ、当該区域の事務を処理する権能（自治権）が与えられていること（法的構成要素）の 3 要素を備えることが必要とされる。

　地方自治法は、地方公共団体が法人格を有することを定め（2 条 1 項）、地方公共団体を普通地方公共団体と特別地方公共団体に大別し、普通地方公共団体を都道府県・市町村の 2 段階 7 種、特別地方公共団体を特別区・地方公共団体の組合・財産区の 3 種に区分している（1 条の 3）（図 2-1）。このうち、普通地方公共団体は、全国的に存在する一般的・普遍的な団体であり、地方自治に関する一般的・包括的権能をもち、地域における事務等を処理する団体である（2 条 2 項）。都道府県・市町村がこれに該当し、両者は対等・独立の関係にある。これに対し、特別地方公共団体は、政策的見地から特定の目的を達成するために設置される団体であり、専門的・限定的な事務処理権能をもつ。

　地方自治法は、普通地方公共団体について詳細な規定を設け、特別地方

公共団体についてはその特性に応じた特別な規定のみを置きその他の事項
については普通地方公共団体の規定を適用または準用している。

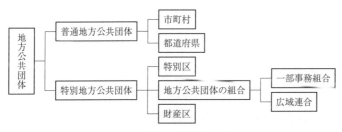

図 2-1 地方公共団体の種類

B 市町村

[1] 市町村の意義と要件

　市町村は、住民に最も身近な地方公共団体であり、住民生活と密接に関
わる事務を担う基礎的な地方公共団体である（2条3項）。市・町・村の3種
類に区分されるが基本的な地位・性格に違いはなく、市町村となるための
要件および組織に関する規定に若干の差異がある。

　市となるための要件は、①人口5万以上を有すること、②中心市街地を
形成している区域内に在る戸数が当該普通地方公共団体の全戸数の6割以
上であること、③商工業その他の都市的業態の従事者数およびその者と同
一世帯に属する者の数が当該普通地方公共団体の全人口の6割以上である
こと、④都道府県の条例で定める都市的施設その他の都市としての要件を
具備することである（8条1項）。町となるための要件は、都道府県の条例で
定める町としての要件を具備することであり（8条2項。なお、人口要件につき
東京都は「人口1万以上を有し、且つ、最近5年間人口増加の傾向にあること」、大阪府
は「人口概ね8,000以上を有すること」、福岡県は「人口5,000以上を有すること」とし
ている）、村となるための要件については地方自治法に定めはなく、市・町
の要件を満たさない場合は村となる。なお、市・町になるための要件は成
立段階において満たすべき要件であり、後に要件を欠く状態となっても、
そのことゆえに当該区分から別の区分に変更されるわけではない。

[2] 組織上の差異

　地方自治法は市町村に一定の機関を置くことを義務付けているが、その区分により若干の差異がある。町村においては、議会を設置せず選挙権を有する者で構成される総会（町村総会）を設けることが可能であり（94条）、また、議会に事務局を置かない場合、原則、書記長等の職員を置かなければならないが、町村の場合は職員を置かないとすることができる（138条4項）。町村総会については、議会の設置を義務付ける憲法93条1項に反しないかが問題となるが、直接民主制である町村総会は間接民主制の議会制度よりも住民自治の理念に適合するものであり、合憲と解されている。

　市については、その規模などに応じ事務配分や財政上の特例を認める特別な制度（大都市制度）がある（252条の19以下）。

[3] 大都市制度

　同じ市であっても、その人口規模は大きく異なる。令和2（2020）年の国勢調査によれば、人口の最も少ない北海道歌志内市の人口は約3,000人、最も多い神奈川県横浜市は約377万人であった。これほど人口に差のある市を同じ行政主体として扱うことは合理的でなく、また、地域住民のニーズを迅速かつ的確に行政活動へ反映するためには、その権限をより身近な行政主体が処理することとした方が住民自治の観点からは好ましい。このような観点から、市の規模・能力に応じた権限・事務の配分を行うこととした制度が大都市に関する特例（253条の19以下）であり、指定都市・中核市がこれにあたる。

(1) 指定都市

　指定都市は、大都市行政の合理的・能率的運営を目的とするものであり、人口50万人以上の市のうち政令で定めるものがこれにあたる（252条の19 政令市、政令指定都市とも呼ばれる）。もっとも、人口50万人以上の市であれば必ずしも指定を受けることができるわけではなく、指定にあたっては法の定める事務を自ら処理する必要性および同事務を効率的に処理する能力があることが必要とされる。また、人口要件については、かつては指定対象となるためには人口が100万人以上であることが運用上目安とされていたが、平成13（2001）年に市町村合併を推進する観点から人口要件を緩和す

る方針が示され、現在では人口70万人ほどの市でも指定を受けている。現在、指定都市となっている市は大阪市、名古屋市、京都市、横浜市、神戸市、北九州市、札幌市、川崎市、福岡市、広島市、仙台市、千葉市、さいたま市、静岡市、堺市、新潟市、浜松市、岡山市、相模原市、熊本市の20市である（令和4〔2022〕年7月5日現在）。

　指定都市には以下の4つの特例が認められる。第1に、事務配分の特例であり、都道府県が処理することとされている事務が指定都市の事務となる（252条の19第1項。例として、市が児童相談所を設置し、児童福祉に関する都道府県の事務を行う、市立小中学校等の職員の任免・給与の決定等）。第2に、監督の特例であり、市が処理する事務のうち、法令により都道府県知事等の許認可が必要とされているものおよび知事等による命令等を受けるとされているものが、許認可等を不要もしくは命令等の規定が適用されないこととなり、または、知事等に代わって主務大臣等による許認可・命令等を受けるものとなる（同条2項。例として地方債の協議等）。第3に、行政組織上の特例であり、指定都市は、市長の権限に属する事務を分掌させるため、条例で区（行政区。法人格なし。）を設置し、区の事務所または必要があると認めるときは出張所を設置しなければならない（252条の20第1項）。この区は、指定都市の全域を画して設けなければならず、各区内に事務所を設置することが必要である。また、区には区長・区選挙管理委員会を設置しなければならない（252条の20第3項・5項）。行政区の区長は、市長の補助機関である職員をもって充てることとされており、市長が任命権をもつ（同条3項・6項）。これに対し、区選挙管理委員会については、市の選挙管理委員会に関する規定が準用され、その結果、委員は当該区における選挙権を有する者の中から議会の選挙によって選出されることとなっている（同条6項・182条1項）。この他、地方自治法に定めはないが、同法施行令により区会計管理者を置くことが義務付けられている（自治令174条の42第1項）。第4は、税財政上の特例である。事務配分の特例により指定都市の担う所掌事務の範囲は拡大し、財政需要も増加するため、地方交付税の算定において基準財政需要額の補正や地方道路譲与税の増額など財政基盤の強化が図られている。

補足 総合区制度

　指定都市は、その行政の円滑な運営を確保するため必要があると認めるときは、行政区に代えて、条例で総合区を設けることができる（252条の20の2第1項。なお、総合区も行政区と同様、指定都市の内部組織であり、法人格は有しない）。総合区長は、議会の同意を得て市長により選任される（同条4項）。同制度は、平成26（2014）年の地方自治法改正により導入されたものであり、その目的は住民に身近な区の権限を強化することにより組織運営の円滑化および住民自治の強化を図ることにある。そのため、行政区の区長が市長の権限に属する事務を補助執行するのみであるのに対し、総合区長は、補助執行に加え、総合区の政策・企画の立案・総合区のまちづくり等の事務を執行する権限が与えられている（同条8項）。また、総合区長は総合区の事務所の職員の任命権をもち（同条9項）、総合区長が執行する事務の歳入歳出予算に関し、市長に対し意見を述べることが可能である（同条10項）。なお、総合区の設置については、行政区と異なり、指定都市の全域に設置する必要はなく一部の地域にのみ設置することが可能である。

(2) 中核市

　中核市は、指定都市に次ぐ地域拠点と位置付けられ、政令で指定されることにより中核市となる。かつては人口要件が50万（30万）人以上とされ、面積要件（100 m^{2}以上の面積を有すること）が課されていたこともあったが、現在では人口が20万人以上であることのみが要件とされている（252条の22第1項）。中核市においては、指定都市同様、事務配分の特例（252条の22第2項。指定都市が処理することができる事務のうち、中核市において処理することが適当でない事務以外の事務で政令で定めるもの）、監督の特例（252条の22第2項。都道府県知事の命令を受けるものとされている事項につき、命令に関する法令の規定を適用せず、または都道府県知事の命令に代えて、各大臣の指示その他の命令を受けるものとする）が認められている（図2-2参照）。なお、平成26（2014）年の法改正前は人口20万人以上の市を特例市とする制度が存在したが、中核市の人口要件を20万以上へ変更したことに合わせ廃止された。制度廃止後、中核市へ移行しなかった特例市は、施行時特例市として従来どおりの事務処理権

限を有することとされている（令和5〔2023〕年4月1日現在、中核市62市、施行時特例市23市）。

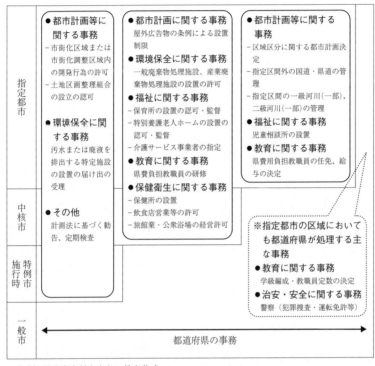

出典）総務省資料をもとに筆者作成.

図 2-2　指定都市・中核市・施行時特例市の事務配分の特例

C　都道府県

　都道府県は、普通地方公共団体の一種であり、市町村と同様、全国的に存在する地方公共団体である。現在は、1都1道2府43県が設置されている。この区分は主に歴史的な沿革によるものであり、都と道に関しては若干異なった取扱いがなされているが、基本的な組織や権能について差異はない。都道府県は、市町村を包括する広域的な地方公共団体であり、全ての市町村はいずれか1つの都道府県に属している。もっとも、これは都道府県が市町村の上位に立つという意味ではなく、都道府県の担う広域的な

事務の範囲が当該市町村に関するものであるという意味にすぎず、両者は対等・平等な関係にある。都道府県の役割は、広域的な地方公共団体として、①広域にわたるもの、②市町村に関する連絡調整に関するもの、③その規模または性質において一般の市町村が処理することが適当でないと認められるもの、を処理することである（2条5項）。

┃┃コラム┃┃　地域自治区制度

　地域自治区制度は、住民自治の充実を目的として、市町村長の権限に属する事務を区に分掌させ、当該地域住民の意見を反映させるための制度である。なお、同様の性格を有するものとして前に挙げた指定都市の区（行政区）が存在するが、こちらとはその組織・権能等に違いがある点に留意する必要がある。

　地域自治区を設置できる公共団体は市町村のみであり、市町村は、条例で当該市町村を分け、区域ごとに地域自治区を設けることができる（202条の4。なお、地域自治区は法人格を有しない）。地域自治区には事務所および地域協議会が置かれ、事務所の長は当該市町村の職員から（202条の4第3項）、協議会の構成員は地域自治区の区域内の住民から、市町村長が選任する（202条の5第2項）。この地域協議会は、①地域自治区の事務所の所掌事務に関する事項、②市町村が処理する地域自治区の区域に係る事務に関する事項、③市町村の事務処理に当たって地域自治区の区域内の住民との連携の強化に関する事項につき、市町村長等の市町村の機関により諮問されたものまたは必要と認めるものについて審議し、市町村長等に意見を述べることができる。また、条例で定める市町村の施策に関する重要事項であって地域自治区の区域に係るものを決定・変更する場合は、当該市町村長はあらかじめ地域協議会の意見を聞くことが義務付けられている（202条の7）。

　同制度は、地域づくりにおいて住民による主体的な参加を可能とし、地域の住民自治の充実・強化、行政と住民との連携・協働関係の構築に資する制度として有用なものである。しかしながら、近年では地域コミュニティの衰退（町内会加入世帯の減少等）が取り上げられることからも分かるように、住民の自治に対する主体性が低下または欠如しているのが現状である。

そのため、地域自治区制度を活用するためには、まず、地域住民の自治への関心を高めることが必要である。

2　特別地方公共団体

A　特別区

　地方自治法上の特別区は、都に包括される地方公共団体であり、現行制度では市町村と同様の性格を有するものとして規定されている（281条・281条の2）。もっとも、大都市である都の一体性を確保する観点から、他の市とは若干異なる取扱いがなされている。なお、従来、特別区とは東京都の23区を意味していたが、平成24（2012）年に「大都市地域における特別区の設置に関する法律」が成立したことにより、他の道府県においても特別区を設置することが可能となった。同法2条1項によれば、特別区を設置するためには①人口200万以上の指定都市または②1つの指定都市および当該指定都市に隣接する同一道府県の区域内の市町村の人口の合計が200万以上であることが必要である（令和5〔2023〕年9月1日時点において、特別区は東京23区以外に設置されていない）。

　特別区は指定都市に設置される行政区とは異なり、都から独立した法人格をもつ。また、基礎的な地方公共団体として市町村が処理するものとされている事務を処理する（281条の2第2項）。もっとも、特別区においては人口が高度に集中しており、区ごとではなく大都市地域として一体性・統一性をもって事務処理を行った方が適切なものもあり、通常、市町村が処理することとされている事務のうち都が一体的に処理することが必要であると認められる事務については特別区ではなく都が処理することとなっている（事務配分の特例。281条の2第1項。①都市計画決定、②上下水道の設置・管理、③感染症の予防・まん延防止、④消防に関する事務等がこれにあたる）。

　都は、都と特別区および特別区相互間の財源の均衡化を図り、特別区の自主的かつ計画的な運営を確保するため、政令の定めるところにより、条

例で、特別区財政調整交付金を交付しなければならない。これを特別区財政調整制度という（282条）。財源は都が課す法定の都税（市町村民税〔法人分〕・固定資産税・特別土地保有税）であり、その一定割合を特別区財政調整交付金として特別区に交付することとなっている。

　特別区にはその機関として区長および議会が置かれ、ともに住民の直接選挙によって選出される（283条）。この他、都および特別区の共同機関として都区協議会が置かれる（282条の2）。都区協議会は都と特別区および特別区相互間の連絡調整を図るため設置されるものであり、都知事、都側7名、区側8名の16名で組織される（自治令210条の16）。類似した機関として普通地方公共団体が設置する協議会が存在するが（252条の2）、その設置が任意であるのに対し、都区協議会は特別区財政調整交付金に関する条例の制定に関与する必置の機関である点に留意する必要がある。

B　地方公共団体の組合

　地方公共団体の組合とは、普通地方公共団体（特別区を含む）がその事務の全部または一部を共同処理するために設ける機関である。構成団体、設置目的、事務の種類に応じ「一部事務組合」と「広域連合」の2種類の形体が存在する。組合は特別地方公共団体として独立した法人格を有し、規約によって定められた事務につき地方公共団体と同様の事務処理権能をもつこととなる。組合の設置は関係地方公共団体の議会の議決を経て、協議により規約を定め、都道府県の加入するものにあっては総務大臣の、その他のものにあっては都道府県知事の許可を得ることによって行われる（284条2項・3項）。組織・運営に関しては、法律またはこれに基づく政令に特別の定めがあるものを除くほか、都道府県の加入するものにあっては都道府県に関する規定、市および特別区の加入するもので都道府県の加入しないものにあっては市に関する規定、その他のものにあっては町村に関する規定が準用されることとなっている（292条）。

　なお、地方公共団体の組合は、地方自治法上、地方公共団体としての地位が与えられているに過ぎず、一般的な権能をもつ普遍的な地方公共団体ではないため憲法93条の適用は受けないことに留意する必要がある。

[1]　一部事務組合

　一部事務組合は、普通地方公共団体（都道府県・市町村）および特別区がその事務の一部を共同処理するために設ける組合である。上下水道、廃棄物処理、消防、病院、福祉、教育等の分野で活用されている。組合の構成員は一部事務組合を組織する地方公共団体であり、住民は間接的に構成員となるにとどまる（組合への直接請求が認められていない点で広域連合と異なる）。

　組合の組織・運営に関する事項は規約で定めることとなっており、組合の名称、構成団体、共同処理する事務、事務所の位置、議会の組織および議員の選出方法、執行機関の組織および選任の方法、経費の支弁方法については必ず定めなければならない（287条1項）。組織については、①議会、②管理者（執行機関）、③公平委員会（地公7条3項）、④監査委員（行政実務昭和41・1・13地方自治関係実例判例集第1巻2620頁）の設置が義務付けられている（後述する複合的一部事務組合においては、②の管理者に代えて理事会を設置することが可能である。287条の3第2項）。なお、一部事務組合の議会の議員・管理者（理事会を置く場合はその理事）については、地方自治法に兼業禁止規定が置かれている地方公共団体の議会の議員・長その他の職員であっても、当該組合の構成団体の議員等であればその職を兼ねることができる（287条2項）。

　一部事務組合が処理する事務は「構成団体である普通地方公共団体および特別区の事務」の一部に限定されており、当該地方公共団体が現に権限を有していない事務を後に許可・指定などにより得ることを想定して組合の事務とすることはできない。また、組合が処理する事務は原則として構成団体すべてに共通している事務であることを要するが、一定の場合（複合的一部事務組合の場合）には、構成団体すべてに共通するものでなくともよい。事務権限は、組合が成立すると同時に構成団体である地方公共団体から組合へ移り、当該地方公共団体はその権限を失う。

　複合的一部事務組合とは、市町村および特別区の事務に関し、相互に関連するものを共同処理するために設けられる特別地方公共団体である。一部事務組合の一種であり、共同処理する事務が構成団体すべてに共通するものでなくともよい。図2-3の右側の事例の場合、通常の一部事務組合では、事務ごとに複数の組合を設立しなければならないが（A事務につき甲市・

乙市で一部事務組合a、B事務につき甲市・丙市で一部事務組合b、C事務につき乙市・丙市で一部事務組合c)、複合的一部事務組合であれば1つの一部事務組合ですべての事務処理をすることが可能となる。このように効率的な運営を可能とする点に複合的一部事務組合の特徴がある。

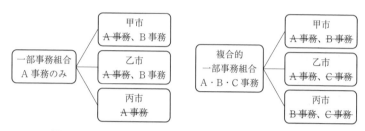

図2-3　一部事務組合および複合的一部事務組合の事務の例

「相互に関連する」事務とは①目的が同一であるもの（老人福祉を目的とする養護老人ホームの設置運営と特別養護老人ホームの設置運営）、②事務内容に関連があるもの（上水道の経営と下水道の設置管理）、③一定の地域の一体的な計画に基づく施設設備の事務（広域市町村圏計画に基づく各種の施設の設置）などを指し、目的・事務内容・地域・対象など何らかの共通点があればよいと解されている。

　複合的一部事務組合を設置できるのは市町村および特別区のみであり、都道府県が構成団体となることはできない（285条）。この他、通常の一部事務組合とは次の2点で異なる。

　第1は、事務の議決方法の特例である。組合が処理する事務のうち一部の市町村または特別区のみを対象とするものに関しては、通常の議決方法と異なる方法（関係市町村および特別区から選出されている議員のみに議決権を認める等）を規約に定めることができる（287条の3第1項）。関係地方公共団体の意向を反映しやすくするための規定である。

　第2は、理事会の設置である。通常、一部事務組合は、地方公共団体の市町村長にあたる管理者（独任制）が執行機関の役割を担っているが、複合的一部事務組合においてはこの管理者に代わる理事会（合議制）を置くことができる（287条の3第2項）。理事会を置く場合、理事には複合的一部事務

組合を組織する市町村・特別区の長または市町村・特別区の長がその議会の同意を得て当該市町村・特別区の職員から指名した者が充てられる（287条の3第3項）。複合的一部事務組合の処理する事務は多岐にわたり、かつ、一部の公共団体のみに係るものもあるため、より円滑な運営を可能とするためには関係する市町村長等を理事とする理事会の方がより適切な場合があると考えられたためである。

　一部事務組合の脱退については、かつては関係地方公共団体との協議がととのうことが要件とされていたが、平成24（2012）年の法改正により、脱退しようとする市町村等は、その議会の議決を経て、脱退する日の2年前までに他の全ての構成団体に書面で予告をすることにより脱退することが可能となった（286条の2第1項）。

[2] 広域連合

　広域連合は、普通地方公共団体および特別区の事務で広域にわたり処理することが適当な事務に関し、広域計画を作成し、総合的かつ計画的に処理するために設けられる特別地方公共団体である（284条3項）。国・都道府県から権限の委譲を受けることができる点および住民に直接請求が認められている点が一部事務組合とは異なり（291条の2・291条の6）、後期高齢者の医療制度に係る事務などの分野で活用されている。

　広域連合は広域的な政策や行政需要に対応するために作られた制度であり、平成7（1995）年から設立が可能となった地方公共団体の組合の一種である。広域連合の構成団体となれる公共団体は都道府県・市町村・特別区であり、その設置において都道府県が加入する場合は総務大臣の、それ以外の場合には都道府県知事の許可が必要である（284条3項）。

　広域連合が処理する事務は、広域にわたり処理することが適当と考えられる事務であればよく、組織する公共団体間で共通する同種の事務でなくてもよい。また、当該広域連合が処理する事務と密接に関連するものにつき、都道府県が加入する広域連合は国に対し、都道府県の加入しない広域連合は都道府県に対し、それぞれ権限の移譲を要請することができる（291条の2第4項・5項）。広域連合の要請を待たず国・都道府県側から、権限を委譲することも可能である（291条の2第1項・2項）。

　組織・運営に関する事項は規約で定めることとなっており、組織の名称、構成団体、区域、処理する事務、作成する広域計画の項目、事務所の位置、議会の組織および議員の選挙方法、広域連合の長等の執行機関の組織およびその選任方法、経費の支弁方法については必ず定めなければならない（291条の4）。なお、長・議員の選出は広域連合を組織する団体内の選挙人による投票または広域連合を組織する地方公共団体の長（議員の場合は構成団体の議会）における選挙によって行われる（291条の5第1項）。複合的一部事務組合と同様、執行機関として長に代えて理事会を置くことができ（291条の13、287条の3第2項）、構成団体の長および議会の議員は広域連合の職を兼業することが可能である（291条の4第4項）。また、広域計画に定める事項を一体的かつ円滑に推進するため、広域連合の条例で、必要な協議を行うための協議会を置くことも可能である（291条の8）。なお、広域連合を組織する地方公共団体の住民には、広域連合の条例の制定・改廃、広域連合の事務の執行に関する監査、広域連合の議会の解散、広域連合の議会の議員もしくは長その他広域連合の職員の解職に関する直接請求が認められている（291条の6。直接請求の詳細については**第5章**参照）。

　広域連合が設けられた場合、当該広域連合は速やかにその議会の議決を経て、広域計画（組織する公共団体の役割分担や広域連合の事務処理の目標などを定めたもの）を作成しなければならない（291条の7第1項）。これは、広域的調整を図りつつ広域行政を適切かつ円滑に行うためのものであり、また、広域連合の目標等を明確にすることにより広域連合を組織する地方公共団体やその住民による規約変更や事務に関する勧告、直接請求等を効果的に行えるようにするためのものである。

C　財産区

　財産区は、市町村および特別区の一部に存在する財産または公の施設を管理・処分するためにその権能を認められた特殊な地方公共団体である（294条）。入会権など地域住民の従前の財産利益を保障するための制度であり、市制町村制施行当初から存在する制度である。

　財産区は市町村等とは独立した法人格を有する地方公共団体ではあるが、他の地方公共団体とは異なり、その権限は当該財産または公の施設の設

置・管理に限定されている。財産区が扱う財産の主なものは山林、沼地、用水池、墓地、温泉等である。

財産区は、固有の議決機関を有せず、執行機関も置かれない。そのため、通常は管理を市町村長・区長が行い、処分等につき議決を要する場合には市町村・特別区の議会がその役割を担う。もっとも、財産区の収支については市町村・特別区とは異なる独立会計であることを要する（294条3項）。財産区の利害と市町村・特別区の利害が対立するなど財産区固有の意思決定機関が必要であると認められる場合、都道府県知事は、財産区の議会（または総会）設置につき提案し、市町村または特別区の議会の議決を経て条例を制定し、財産区に議会（総会）を設けることができる（295条）。また、市町村・特別区は、財産区の住民の意思を反映させるため、審議機関である財産区管理会を条例で設置することも可能である（296条の2）。なお、この財産区管理会は、前述の財産区の議会（総会）を設置した場合には設けることができない（296条の2第4項）。

▌▌コラム▐▌　地方行政活動に関わる団体・組織

地方における行政事務は主として地方公共団体が担っているが、行政目的を達成するためには地方公共団体自らが処理するのではなく、地方公共団体から独立した法人や民間企業等に委ねた方がより適切な運営が期待できる場合もある。近年では効率的・効果的な事務の遂行を目的として、様々な形態で活動が行われており、その数も増加している。ここでは、地方行政活動に関わる団体・組織のうち、地方公営企業、地方独立行政法人、第三セクターについて紹介する。

地方公営企業とは、地方公共団体が公共の福祉の増進を目的として経営する企業（法人格なし）であり、上下水道、病院、交通、ガス、電気等の事業が公営企業によって行われている（地公企2条）。地方公共団体の一般行政事務が税によって賄われるのに対し、公営企業は、提供するサービスの受益者からの対価（料金等）によって運営されることとなっている。そのため、公営企業の経理については特別会計を設け、その経費は公営企業の経営に伴う収入でもって充てることとされている（地公企17条の2）。

　原則、地方公共団体は公営企業の業務の執行機関として「管理者」を事業ごとに置かなければならないが、条例により、これを置かずまたは複数の事業につき1人の管理者を置くことが可能である（地公企7条）。管理者を置いた場合、公営企業の業務の執行については、管理者が当該地方公共団体を代表することとなる（地公企8条。なお、管理者を置かない場合は地方公共団体の長が代表者となる）。

　地方独立行政法人とは、住民の生活、地域社会および地域経済の安定等の公共上の見地からその地域において確実に実施されることが必要な事務等であって、地方公共団体が自ら主体となって直接に実施する必要のないもののうち、民間の主体にゆだねた場合には必ずしも実施されないおそれがあるものを効率的・効果的に行わせることを目的として、地方公共団体が設立する法人である（地独行法2条）。具体的には、試験研究、公立大学の設置・管理、社会福祉事業（特別養護老人ホーム、保育所等）の経営、公共的施設（会議場施設等）の設置・管理を行う。

　地方独立行政法人を設立するためには、設立団体の議会の議決を経て定款を定め、都道府県または指定都市が設立しようとする場合は総務大臣の、その他の地方公共団体が設立しようとする場合は都道府県知事の認可を受けなければならない（地独行法7条・126条）。

　第三セクターとは、国や地方公共団体（公共部門、第一セクター）と民間企業（民間部門、第二セクター）が共同して出資・設立する法人である。財団法人、社団法人、株式会社等の企業形態など様々な形態が存在している。この第三セクターは民間企業の経営ノウハウ等を活用し、官民共同による地域活性化が望めるものとしてかつては盛んに設立されていたが、現在では経営状況の悪化（総務省の調査では、令和3〔2021〕年3月31日時点で約40％の法人が赤字）などの問題により、その数は減少傾向にある。

3 市町村合併と道州制論

A 市町村合併

[1] 規模の適正化と地方自治法の改正

　地方自治法は昭和 22 (1947) 年に制定された法律であり、普通地方公共団体の区域については「従来の区域による。」(5 条 1 項) と定めている。しかし、この規定は普通地方公共団体の区域を不変のものとして存置することを要求するものではない。昭和 27 (1952) 年には、同法 2 条 15 項が追加され、地方公共団体は「組織・運営の合理化」および「規模の適正化」が求められるようになった。これは、当時 (昭和 27 年) の市町村の大部分が明治 22 (1889) 年の全国的な市町村合併により設けられたものであり、明治 22 年当時は適正であったものがその後の社会経済の変化および交通手段の発達などによりその規模が適正とはいえない状態となり、能率的な地方行政の実施が困難となっていた市町村が多く存在していたためである。また、戦後、日本の地方自治制度は憲法の要請に基づき大きな改革が行われたことも理由の 1 つである。地方分権主義が導入され、地方公共団体の地位と責任が高まることに伴い、処理すべき事務の質・量がともに大きく変化したことがその背景にある。

[2] 平成の大合併

　昭和 40 (1965) 年から平成 17 (2005) 年までの間、日本においては社会経済の進展、交通通信手段の発達に伴う住民生活の広域化、急激な少子高齢化、都市部への人口集中と地方の過疎化など、地域社会における生活環境および構造の変化により市町村の役割は質・量ともに大きく変化し、財政基盤の強化・行政の効率化の観点から、市町村合併の必要性が強く指摘されるようになった。平成 11 年には地方分権一括法が施行され、市町村の合併が強力に推し進められた結果、平成 11 (1999) 年に 3,229 あった市町村は、平成 18 (2006) 年 (市町村の合併の特例に関する法律の経過措置の終了年) には 1,821 にまで減少した。市町村の合併に関する特例法は現在も存在するが、かつて設けられていた推進措置は廃止されている。

[3] 市町村の廃置分合

廃置分合とは、法人格の変動を伴う地方公共団体の区域の変更であり、①分割、②分立、③合体、④編入の4種類がある。分割は1つの地方公共団体を廃止し、その区域を分けて数個の地方公共団体を置くことであり（A市を廃止し、B市とC町を設置）、分立は1つの地方公共団体を一部の区域を分け、その地域に新しい地方公共団体を置くこと（旧A市区域に新A市とB町を設置）である。合体は、2つ以上の地方公共団体を廃止してその地域に1つの地方公共団体を置くことであり（A町・B村・C村の区域に新D町を設置）、編入は地方公共団体を廃止して、その区域を既存の他の地方公共団体の区域に加えること（旧A市とB町の区域に新A市を設置）である。いずれの場合においても地方公共団体の廃止（法人格の消滅）または地方公共団体の設置（法人格の発生）を伴うものである。

市町村の廃置分合は、関係市町村のみの問題ではなく、市町村は国の統治機構の一環をなすものであること、市町村を包括する都道府県にも種々の影響を及ぼすなどの理由から、その手続きは、関係市町村の申請に基づき、都道府県知事が都道府県の議会の議決を経て、これを定めることとされている（7条1項）。したがって、関係市町村から申請があったとしても、知事において、その廃置分合が適正を欠き、または不合理であり、住民の福祉に反し、かつ、地方自治の本旨にもとると認めるとき、知事はその処分を行わないことができる。また、都道府県の議会においても、廃置分合が不適切と認めるときは、否決することが可能である。

なお、市の配置分合に関しては、都道府県知事はあらかじめ総務大臣に協議し、その同意を得なければならず（7条2項）、市町村の廃置分合を行ったときは、都道府県知事は直ちにその旨を総務大臣に届け出なければならない（7条1項）。

B 道州制論

地方公共団体の種類・規模に関する議論の中には、複数の都道府県を包括する行政区画として「道」や「州」を設置する道州制の導入がある。道州制については古くから議論されてきたテーマであるが、その目的とするところは時代によって異なる。近年、議論されている道州制は、①地方分

権の推進という観点から国の権限や財源の移譲の受け皿となる地方公共団体の必要性、②人や企業の活動圏・経済圏に応じた複数の市町村・都道府県にまたがる広域的な行政課題へ対処する必要性、③二重行政の解消などを理由とするものである。

　平成18（2006）年の第28次地方制度調査会の「道州制のあり方に関する答申」では道州制の導入が適当との考えが示され、同年には「道州制特別区域における広域行政の推進に関する法律」が制定された。現在は道州制そのものではなく、将来の道州制導入に向けた取組みとして一部の地域を特定広域団体として指定し（道州制特別区域における広域行政の推進に関する法律施行令1条。令和5〔2023〕年9月末現在、特定広域団体は北海道のみ）、国から特定広域団体への事務・事業の委譲等が進められている。

　そもそも道州制の構想は論者によって異なる。道・州の位置付けにつき主に国の出先機関とする考え方もあれば、都道府県を廃止して全国を7〜13の道・州に分け、市町村とは異なる地方公共団体とする考え方もある。都道府県・市町村の二層制は憲法上の要請であり、これを変えるためには憲法の改正が必要との指摘もある。

　いずれにしても、道州制の導入は国家や社会のあり方につき大転換を迫るものであり、国民生活に大きな影響を与えるものである。そのため、現在は道州制に対する国民の関心はさほど高くはない状況であるが、同制度の導入に関しては憲法改正との関連も含め国民的な議論が十分になされることが必要不可欠であろう。

知識を確認しよう

（問題）

(1) 地方公共団体の種類について説明しなさい。

(2) 大都市制度について説明しなさい。

(3) 複数の地方公共団体が事務を共同処理するための方法について説明しなさい。

（指針）

(1) まず普通地方公共団体と特別地方公共団体の違いを述べたうえで、それぞれを構成する地方公共団体の役割・権能について検討しなさい。

(2) 大都市制度の趣旨につき考察し、指定都市・中核市となるための要件、一般の市との違いについて検討しなさい。

(3) 一部事務組合および広域連合の相違について検討しなさい。

第 3 章　地方公共団体の事務

本章のポイント

1. 地方自治法改正前において、地方公共団体の長である都道府県知事・市町村長は、国の機関として国の事務を執行していた。この事務を機関委任事務というが、中央集権的行政システムを形成する要因となっていたため、現在では機関委任事務は廃止されている。

2. 地方公共団体の事務は自治事務と法定受託事務の2種類に区分されている。

3. 事務処理の合理性を確保するため、法は公共団体相互の協力関係を推奨し、様々な協力方式を規定している。

4. 地方公共団体の事務には、地方自治法が定める基本原則だけでなく、法の一般原則および行政法の基本原則が適用される。

1 地方公共団体の権能・事務

　日本国憲法94条は、地方公共団体の権能につき「その財産を管理し、事務を処理し、及び行政を執行する権能を有し、法律の範囲内で条例を制定することができる。」と定め、地方公共団体に広い意味での自治行政権および自治立法権を保障する。この広い意味での自治行政権は、行政活動の管理執行など行政に携わる権能である「自治行政権」、地方公共団体の組織機構について決定する権能である「自治組織権」、地方公共団体のため財を調達・管理する権能である「自治財政権」を包含するものであり、憲法94条は地方公共団体の権能に属すべき事項を抽象的・概括的に例示し、これを保障したものと解されている。なお、憲法94条の「財産管理」は、一切の財産の取得、管理・利用、処分を行うことを指し、「事務処理」は、公権力の行使の性質をもたない一切の事務を処理することを指し、「行政執行」は、公権力の行使の性質有する事務を処理することを指す。

　地方公共団体の権能・事務については、次の3つの観点から論じることができる。第1は行政主体間（国と地方公共団体、都道府県と市町村）の役割分担をいかなるものとし、権能・事務をどのように配分するかというもの（事務配分論）であり、第2は各行政主体が担任している事務の概念・性質の分類に関するもの（事務分類論）であり、第3は地方公共団体の事務・権能が地域における政治・行政活動として適切か否かというもの（地方公共団体の政治・行政の範囲と限界論）である。

　平成11（1999）年の地方分権一括法による地方自治法改正前は、国と地方公共団体との役割分担についての規定がなく、地方公共団体の機関が国の下部機関として事務処理を行う制度（いわゆる機関委任事務の制度）が存在しており、上記第1の観点から問題視されていた。また、機関委任事務は、都道府県の機関が行う事務の約7〜8割、市町村の機関が行う事務の約3〜4割を占めていたといわれており、業務負担の面からも地方自治を侵害するものとして強く批判されていた。

　なお、改正前の「地方公共団体の事務」は①公共事務（固有事務）、②団体委任事務、③行政事務であり、機関委任事務は地方公共団体の事務では

ない点に留意する必要がある。機関委任事務は、国の事務を地方公共団体の執行機関、特に都道府県知事および市町村長に執行させるものであり、その執行にあたって知事は主務大臣の、市町村長は国の機関としての都道府県知事の指揮監督を受けることとされていた（旧150条）。機関委任事務制度は、国の出先機関の設置が不要となり効率的、かつ、民意を反映しやすくなるとの理由から設けられた制度であるが、実際は、機関委任事務の指揮監督を通じて国の意向が地方行政に反映される、地方公共団体の長が住民代表としての立場を貫徹できなくなる、地域の実情に応じた行政活動の妨げになるなどの問題を生じさせていた。このような状況から、機関委任事務制度に対しては①国と地方公共団体を上下・主従の関係に置き、中央集権的行政システムを形成する原因となる、②国と地方公共団体との間で責任の所在が不明確になる、③地域における総合行政の妨げとなるなどの批判が高まり、平成11（1999）年の地方自治法改正の際に同制度は廃止されることとなった。

2 地方公共団体の事務の種類

A 地方公共団体の事務処理権能

　地方自治法2条2項は、普通地方公共団体の事務処理権能につき「地域における事務及びその他の事務で法律又はこれに基づく政令により処理することとされているものを処理する」と定める。この「地域における事務」とは、普通地方公共団体が一定の行政区域における統治団体として行う統治作用の事務一般を指し、「その他の事務で法律又はこれに基づく政令により処理することとされているもの」とは、地域における事務に該当しないが、国家の統治機構の1つとして普通地方公共団体が担うことが必要とされるもので法律または政令により地方公共団体の事務とされたものを指す（例として、「北方領土問題等の解決のための特別措置に関する法律」11条に基づく北方領土に本籍を有する者にかかる戸籍事務がある。同事務については、室蘭市が処理することとなっている）。

B 自治事務と法定受託事務

　地方自治法2条2項に規定された普通地方公共団体の事務は、その事務の性格により「自治事務」と「法定受託事務」に区分される。

[1] 自治事務

　自治事務とは、地方自治法2条2項の定める地方公共団体の事務から、法定受託事務を除くすべての事務を指す（2条8項）。控除方式で規定されていることからもわかるとおり、自治事務は非常に広範な範囲にわたるものであり、地方公共団体は地方自治の本旨に基づいて事務を処理することとされている。このような方式を採用した理由としては、実際に地方公共団体が処理する事務が多種多様である点（定義の困難性）、地域における行政を当該地方公共団体が広く担うという地方自治・地方分権の考え方に沿う点にあると考えられている。

　自治事務に関し、国は「地方公共団体が地域の特性に応じて当該事務を処理することができるよう特に配慮しなければならない」旨規定されている（2条13項）。これは、自治事務について国が法律またはこれに基づく政令の規定を通じて規制が可能であることを前提に、地方公共団体が自主性および自立性を発揮して処理することができるようにするため設けられた規定である。条文中「特に」配慮すべきことと定めた理由は、原則として地方公共団体の事務（自治事務および法定受託事務）に対しては配慮が必要であるが、法定受託事務に比して自治事務に関してはその適正な処理を確保する必要があると考えられたためである。

[2] 法定受託事務

　法定受託事務とは、地方公共団体が処理すべき事務のうち、国または都道府県が本来果たすべき役割に関するものであり、国または都道府県においてその適正な処理を特に確保する必要があるものを指す（2条9項）。法改正前の機関委任事務が「国の事務」であったのに対し、法定受託事務は「地方公共団体の事務」である点でその処理が地方公共団体の責任の下に行われる点で従前と異なる。法定受託事務は、本来果たすべき役割を担う機関により以下の2種類に区分される。

(1) 第1号法定受託事務

　都道府県または市町村、特別区が処理する事務のうち、国が本来果たすべき役割に係るものであって、国においてその適正な処理を特に確保する必要があるものとして法律またはこれに基づく政令により定められたものを第1号法定受託事務という（2条9項1号）。国政選挙や生活保護、旅券の交付などがこれにあたり、地方自治法別表第1、地方自治法施行令別表第1に該当する事務が規定されている。

　法定受託事務とされる事務は多様であり、どのようなものが法定受託事務となるかは個別に判断されることとなっている。この点、平成10（1998）年に閣議決定された地方分権推進計画には、法定受託事務のメルクマール（判断基準）として表3-1の項目が示されている。同基準は機関委任事務から法定受託事務への振り分けの際に用いられ、その後の実務でもこのメルクマールが踏襲されている。今後もこのメルクマールを基準として法定受託事務とすべきか否かが判断されることになるであろう。もっとも、法定受託事務は地方公共団体の事務の中では例外的なものであり、その数は可能な限り抑制されることが求められることに留意すべきである。

(2) 第2号法定受託事務

　市町村または特別区が処理する事務のうち、都道府県が本来果たすべき役割に係るものであつて、都道府県においてその適正な処理を特に確保する必要があるものとして法律またはこれに基づく政令に特に定めるものを第2号法定受託事務という（2条9項2号）。都道府県議会の議員または長の選挙などがこれにあたる。

表3-1　法定受託事務のメルクマール（地方分権推進計画より抜粋）

(1) 国家の統治の基本に密接な関連を有する事務
(2) 根幹的部分を国が直接執行している事務で以下に掲げるもの ①国が設置した公物の管理及び国立公園の管理並びに国定公園内における指定等に関する事務 　・国立公園内における軽微な行為許可等に関する事務 　・国定公園内における特別地域・特別保護地区等の指定等に関する事務 ②広域にわたり重要な役割を果たす治山・治水及び天然資源の適正管理に関する事務 ③環境保全のために国が設定した環境の基準及び規制の基準を補完する事務 　・環境基準の類型当てはめ（水質・交通騒音）に関する事務 　・総量規制基準の設定に関する事務 　・大気汚染、水質汚濁、土壌汚染、交通騒音の状況の監視に関する事務 ④信用秩序に重大な影響を及ぼす金融機関等の監督等に関する事務 ⑤医薬品等の製造の規制に関する事務 ⑥麻薬等の取締りに関する事務
(3) 全国単一の制度又は全国一律の基準により行う給付金の支給等に関する事務で以下に掲げるもの ①生存にかかわるナショナル・ミニマムを確保するため、全国一律に公平・平等に行う給付金の支給等に関する事務 ②全国単一の制度として、国が拠出を求め運営する保険及び給付金の支給等に関する事務 ③国が行う国家補償給付等に関する事務
(4) 広域にわたり国民に健康被害が生じること等を防止するために行う伝染病のまん延防止や医薬品等の流通の取締りに関する事務 ①法定の伝染病のまん延防止に関する事務 ②公衆衛生上、重大な影響を及ぼすおそれのある医薬品等の全国的な流通の取締りに関する事務 　・医薬品等の取締りに関する事務 　・食品等の取締りに関する事務 　・農薬等の取締りに関する事務
(5) 精神障害者等に対する本人の同意によらない入院措置に関する事務
(6) 国が行う災害救助に関する事務
(7) 国が直接執行する事務の前提となる手続の一部のみを地方公共団体が処理することとされている事務で、当該事務のみでは行政目的を達成し得ないもの
(8) 国際協定等との関連に加え、制度全体にわたる見直しが近く予定されている事務

┃補　足┃　自治事務と法定受託事務の区分

　地方公共団体の事務につき、法制度上は自治事務と法定受託事務の区分が存在するが、この2つの事務は相対的な区分にすぎず、実務においてその区別をすることが困難と考えられている。もともとこの区分は、平成11(1999)年の法改正の際に新たに制度化されたものであるが、法定受託事務の範囲に関しては、特に機関委任事務の廃止に関する議論の影響を大きく受けている。法改正にあたり、地方分権推進委員会は、従前の機関委任事務につき種々多様な性質の事務が存在すること、地方公共団体の機関に委任された背景・理由等も様々であることを踏まえ、機関委任事務の中には地方公共団体の事務となったとしても、国との関係においては他の事務と区別することが可能であり（例として旅券法の規定により処理する事務、公職選挙法の規定により処理する国会議員の選挙に関する事務、戸籍法の規定により処理する事務などがある）、こうした事務については機関委任事務制度の廃止後も地方公共団体の事務として、現行の自治事務とは区別した取扱い（現在の法定受託事務制度）が認められてもよいものとして審議を進めた。当初、当該委員会は機関委任事務の限られた一部のみを法定受託事務として想定していたが、各省庁から機関委任事務の多くについて法定受託事務にという強い要求が出され、折衝の過程で妥協したものが少なくなかった。その結果、法定受託事務は当初予定していた類のものと各省庁の要求を受け入れたものが混在し、事務の性質につき共通性はなく、単に①国が本来果たすべき役割に係るものであって、②国においてその適正な処理を特に確保する必要があるものとして、③法律またはこれに基づく政令に特に定めるもの、として括ったものとなっている。

C　自治事務と法定受託事務の具体的な相違

　地方公共団体の事務である自治事務と法定受託事務は、その性格の違いから制度上、異なる取扱いがなされている。

[1] 条例制定権

　地方公共団体は、法令に違反しない限りにおいて条例を制定することができる（14条1項）。このことから、自治事務についてはすべての事項につき条例を制定することが可能であると考えられている。一方、法定受託事務については、本来国または都道府県が果たすべき役割に係るものであつて、国または都道府県によってその適正な処理を特に確保する必要があるものされていることに鑑みれば、当該事務につき処理を受託している側の地方公共団体が自由に条例を制定することは妥当でなく、自治事務と比べると条例を制定できる範囲は狭いと考えられている。法定受託事務の性格上、条例制定権そのものを否定する考え方もあるが、法定受託事務は他の機関の事務ではなく地方公共団体の事務であることから、一切条例の制定が許されないと解すことは妥当でない。したがって、法定受託事務につき条例の制定が許されるか否かは法定受託事務とした法令の趣旨との関係で判断されることとなろう。

[2] 事務処理に関する調査権限等

　地方公共団体の議会・監査委員は、当該地方公共団体の事務処理につき調査権限を有する機関である（議会につき98条1項、監査委員につき199条2項）。もっとも、事務の種類により、議会および監査委員の行う調査権限等の範囲は異なる。

　議会の調査権限等は、原則、自治事務のすべてに及ぶと考えられているが、例外的に労働委員会・収用委員会の権限に関する事務に関しては検閲・検査権、監査請求権、調査権が及ばないとされている（98条）。また、法定受託事務に関しては「国の安全を害するおそれがあることその他の事由により議会の調査の対象とすることが適当でないものとして政令で定めるもの」（98条1項・100条1項）については検閲・検査権、監査請求権、調査権が及ばない。

　監査委員による監査（199条）についても、自治事務については原則、すべて及ぶと考えられているが、労働委員会・収用委員会の権限に関する事務で政令に定めがあるものについては監査対象外となり、法定受託事務についても、国の安全を害するおそれがあることその他の事由により監査委

員の監査の対象とすることが適当でないものとして政令で定めるものは監査の対象から除外される（199条2項）。

[3] 不服申立て

　自治事務に対する不服申立ては、原則として当該地方公共団体に対して申立てることとなっており、法律に定めがある場合を除いては国の行政機関に対して不服申立てをすることはできない。他方、法定受託事務については、その事務の適正な実施が国や都道府県において特に確保する必要があることから、都道府県の執行機関の処分または不作為については所管の大臣に、市町村の執行機関等の処分または不作為については都道府県知事等に対し、行政不服審査法に基づく審査請求を行うことが可能である（255条の2）。

[4] 国等の関与

　自治事務と法定受託事務では地方自治の尊重や関与の必要性など、要請される内容が異なることから処理に関する国等の関与方式が異なっている。自治事務の場合、①助言・勧告、②資料の提出要求、③是正の要求、④協議の4類型が基本的な関与方式であるのに対し（245条の4〜6。ただし、個別法により同意、許可・認可・承認、指示の方法を用いることが認められている）、法定受託事務の場合は①助言・勧告、②資料の提出要求、③同意、④許可・認可・承認、⑤指示、⑥代執行、⑦協議の7類型の関与が認められている（245条の4・245条の7〜8）。

3 事務処理の原則

　地方公共団体がその事務の処理を行うにあたっての基本原則として、地方自治法は①住民福祉の原則（1条の2第1項・2条14項）、②効率性の原則（1条・2条14項）、③合理化・規模適正化の原則（2条15項）、④法令適合の原則（2条17項）について規定している。この他、地方公共団体の事務処理に

対しては⑤法の一般原則および行政法の一般原則も適用される。

A 住民福祉の原則

　地方公共団体の第一義的な存立目的は、住民の福祉の増進を図ることにあり（1条の2第1項）、これを受けて法2条14項は、地方公共団体が事務を処理するにあたっては住民の福祉の増進に努めるべきことを定めている。

B 能率性の原則

　地方自治法1条は、同法の目的として「地方公共団体における民主的にして能率的な行政の確保を図る」ことを掲げており（能率性の原則）、地方公共団体は、その事務を処理するにあたっては最少の経費で最大の効果を挙げるようにしなければならない（2条14項）。地方公共団体の諸活動が住民の負担（税金）の上に成り立っていることに鑑みれば、地方公共団体は住民に過度の負担をかけるようなことは避けなければならず、能率的な事務処理の遂行が要請される。

▌▌コラム▌▌ 政策評価制度

　政策評価とは、行政機関が自らその政策の効果を把握・分析し、評価を行うことにより、次の企画立案や実施に役立てることをいう。従来、日本の行政においては法律の制定や予算の獲得等に重点が置かれ、政策を積極的に見直すといった評価機能は軽視されがちであった。しかし、近年、政策の実施段階でその効果を点検し、その都度見直し・改善を加えて行くことが行政目的達成の上で重要であることが認識されるようになり、平成9（1997）年の行政改革会議の最終報告においては、政策の効果につき事前・事後に厳正かつ客観的な評価を行い、これを政策の企画立案作業に反映させる仕組みを強化する必要性が提言された。これを受け、政府は平成13（2001）年に政策評価に関する基本方針を閣議決定し、翌年には「行政機関が行う政策の評価に関する法律」（政策評価法）が制定された。その後、政策評価の実施とその検討が繰り返され、現在は目標管理型政策評価へと移行している。

　地方公共団体においては、平成 8（1996）年に三重県が事務事業評価を導入したことが日本における政策評価の始まりとされている。この時期はバブル経済が陰りを見せ始め、少子高齢化という社会構造の変化が現れ出したこともあり、多くの地方公共団体が政策評価制度を導入した。しかし、同制度を導入したすべての団体が成果を出せたわけではない。政策の評価をしたもののこれを有効に活用することができず、また、制度の実施にあたって投じた労力に見合うだけの成果（予算の削減等）が出なかったとして、既に同制度を廃止した地方公共団体もある。しかし、そもそも政策評価制度は予算削減を目的とするものではなく、次の政策の計画立案に役立てるためのツールである。にもかかわらず、多くの地方公共団体において予算削減ツールとして認識され、その効果が表れなかったことを理由に制度を廃止している点に問題があろう。政策評価は有効に機能すれば地方行政のマネジメントツールとして有意な制度であることは間違いない。しかし同制度を活用するためには、地方公共団体の実情に応じた手法を検討することおよび制度の意義を正確に認知してもらうことが必要であり、その普及にはまだまだ時間がかかりそうである。

C　合理化・規模適正化の原則

　地方自治法 2 条 15 項は、「地方公共団体は、常にその組織及び運営の合理化に努めるとともに、他の地方公共団体に協力を求めてその規模の適正化を図らなければならない」と定め、地方公共団体に対し「組織・運営の合理化」、「規模の適正化」を要請している。

　前述の能率性の要請に応えるためには、まず、地方公共団体の組織・運営を合理化することが必要不可欠である。また、区域における人口や産業等の変動によっては、行財政能力を確保・強化するため既存の区域に拘泥することなく、新たな区域を設定することが必要な場合もある。

　日本では、組織・運営の合理化および規模の適正化の観点から、大都市・特別区制度の採用や大規模な市町村合併が数次行われている（大都市制度，市町村合併の歴史については**第 2 章**参照）。この他、同条項は地方公共団体相互の協力関係を推奨しており、これを受けて地方自治法には複数の協力

方式が規定されている。

[1] 協力の方式

　地方自治法は地方公共団体間における協力の方式として①連携協約、②協議会、③機関・職員の共同設置、④事務の委託、⑤事務の代替執行、⑥職員の派遣、⑦公の施設の区域外設置・共同使用、⑧相互救済事業、⑨地方公共団体の組合について規定している。⑨の地方公共団体の組合は特別地方公共団体の一種であるため、ここではふれず、その他の方式について概観する（地方公共団体の組合については**第2章**参照）。

(1) 連携協約

　地方公共団体は、事務の処理にあたって他の地方公共団体との連携を図るため、協議により、他の地方公共団体と連携して事務を処理するにあたっての基本的な方針・役割分担を定める連携協約を締結することが可能である（252条の2第1項）。連携協約は、事務だけでなく政策面の役割等も定めることが可能であり、また、別組織を設置する必要がない点にメリットがある。協約を締結するための協議を行うためにはまず、議会の議決を経なければならず（252条の2第3項）、協議の後に連携協約を締結した場合は、その旨および連携協約を告示し、都道府県が締結したものについては総務大臣に、その他のものについては都道府県知事に届け出なければならない（252条の2第2項）。

(2) 協議会

　協議会は、広域行政につき地方公共団体の区域を越えた合理的な行政運営の実現を目的として設けられるものである。法人格は有せず、関係地方公共団体共同の執務組織として機能し、固有の財産・職員は有しない。①地方公共団体の事務の一部を共同して管理執行するため、もしくは②地方公共団体の事務の管理執行について連絡調整を図るため、または③広域にわたる総合的な計画を共同作成するため、のいずれかに該当する場合に設置することができる（252条の2の2第1項）。①の場合に設置される協議会を「管理執行協議会」といい、②の場合を「連絡調整協議会」、③の場合を「計画作成協議会」という。協議会を設置するための手続は連携協約と基本的に同じであるが（協議前の議会の議決、告示、総務大臣・都道府県知事への届出）、連

絡調整協議会に限り協議前の議会の議決が不要とされている（252条の2の2第2～3項）。協議会は会長と委員によって組織され、協議会の組織・運営・経費の支弁方法等については規約で定めることとされている（252条の3・252条の4）。協議会は法人格を有せず、協議会が関係地方公共団体またはその長の名で行った事務の管理執行については、当該地方公共団体またはその長などが行ったものとして効力を有する（252条の5）。

(3)　機関・職員の共同設置

　地方公共団体は、協議により規約を定め、機関や職員を共同設置することが可能である。この制度は能率的な行政運営や小規模市町村の事務の補完（人材の確保等）を可能とするために設けられたものであり、共同設置できる機関は①議会事務局、②委員会・委員（公安委員会を除く。自治令174条の19）、③付属機関（介護保険法の認定審査会等）、④保健所・警察署・その他の行政機関、⑤長の内部組織、⑥委員会・委員の事務局、⑦執行機関の事務補助職員、⑧専門委員である（252条の7～13）。共同設置の手続は基本的には連携協約と同様であり（252条の7第3項）、共同設置した機関が行った管理執行行為の効果はそれぞれの地方公共団体に帰属する。

(4)　事務の委託

　地方公共団体は、協議により規約を定め、事務の一部を他の地方公共団体に委託することができる。これを事務の委託という（252条の14）。同制度は行政の合理的運営・能率的処理などを目的とするものであり、委託された事務は他の地方公共団体の長または同種の委員会もしくは委員（A町の公平委員会に属する事務が委託されたのであれば、B町の公平委員会）が当該事務を管理・執行することとなる。事務の委託の手続は、協議会の場合と同様である（252条の14第3項）。委託を受けた地方公共団体は当該事務を自己の事務として処理する権限を取得し、委託をした地方公共団体は、委託の範囲においてその権限を喪失することとなる。

(5)　事務の代替執行

　地方公共団体は、他の地方公共団体の求めに応じて協議により規約を定め、他の地方公共団体の事務の一部を当該他の地方公共団体の長もしくは同種の委員会・委員の名において管理執行することができる。これを事務の代替執行という（252条の16の2）。事務の委託がA町の事務につきB町

に委託された場合、当該事務はB町の町長等によってその名（B町長名）で
B町長によって処理されるのに対し、事務の代替執行の場合、当該事務は
他の地方公共団体の長等の名（A町長名）でB町長によって処理される点が
異なる。事務の代替執行の手続は協議会の場合と同様である（252条の16の
2第3項）。

(6) 職員の派遣

　地方公共団体の長または委員会・委員（執行機関）が特に必要があると認
めるときは、他の地方公共団体の執行機関に対し、職員の派遣を要求する
ことができる（252条の17）。執行機関は自らの判断で職員の派遣を求めるこ
とができ、求めに応じて職員を派遣することができる。もっとも、委員会・
委員の場合はあらかじめ地方公共団体の長に協議することが必要である
（252条の17第3項）。派遣された職員は、派遣先の地方公共団体の職員の身
分をあわせて有することとなり、給与・手当等は派遣先の地方公共団体が
負担することとなる（252条の17第2項）。

(7) 公の施設の区域外設置・共同使用

　地方公共団体は、その区域外において関係地方公共団体との協議により、
公の施設を設置することが可能である（244条の3）。公の施設とは、住民の
福祉を増進する目的をもってその利用に供するために地方公共団体が設置
する施設であり（244条1項）、原則としてその設置場所は当該地方公共団体
が自治権を及ぼし得る区域内に限られる。しかし、地方公共団体が上下水
道事業を経営する場合において、給排水管の設置や水源地の確保などその
内容によっては他の地方公共団体の区域に施設を設置する必要が生じるこ
とがある。また、施設によっては設置しようとする地方公共団体だけでな
く、設置される区域の地方公共団体にとっても利益になる場合もある。そ
のため法は、区域外の施設設置を全面的に禁ずるのではなく、関係地方公
共団体との協議を条件として公の施設の設置を認めることとした。

(8) 相互救済事業

　地方公共団体は、議会の議決を経て、その利益を代表する全国的な公益
的法人に委託することにより、他の地方公共団体と共同して、火災、水害、
震災その他の災害による財産の損害に対する相互救済事業を行うことがで
きる（263条の2第1項）。本条の相互救済事業を行う公益的法人とは、都道

府県または市町村が全国的組織として設置することを予定しているものである。実際には、全国町村会、全国市長会、全国知事会を基礎とするそれぞれの系統に属するもので構成されており、その相互救済事業は一種の自家保険として経営されている。

D　法令適合の原則

　行政活動が行政機関の恣意や専断により行われると、不当に国民の権利自由が侵害され、国民生活が圧迫されることとなってしまう。これを回避するため、行政権の行使については国民・住民の代表である議会が制定した法律・条例に基づいて行われることが要求されることを法律による行政の原理という。

　法律による行政の原理の下では、行政は法律の定めに違反してはならず（法律の優位の原則）、また、行政は法律に根拠がなければ活動することができない（法律の留保の原則）。もっとも、後者の法律の留保に関しては、全ての行政活動に法律の根拠がなければならないとすることは、行政の活動を硬直化させ、不測の事態などの場面において臨機応変に対応することが不可能となり、また、様々な行政活動に対応するため大量の法律を制定しなければならなくなることから現実的でない。そのため、現在の通説は一定の行政活動についてのみ法律の根拠が必要であるとし、法律の根拠が必要な行政活動とは、国民の権利自由を制限し、国民へ新たに義務を課すような侵害行政であるとする（侵害留保説）。

　地方自治法2条16項は、「地方公共団体は、法令に違反してその事務を処理してはならない。なお、市町村及び特別区は、当該都道府県の条例に違反してその事務を処理してはならない」としているが、これは法律の優位の原則につき確認的に規定したにすぎず、法律を制定した国が地方公共団体の、都道府県が市町村・特別区の上位団体であるということではなく、同条項は、国と地方公共団体（または都道府県と市町村・特別区）の関係の調整に関する規定と解されている。なお、この規定に違反する地方公共団体の行為は無効になるとされているが（2条17項）、実際には違反行為が常に無効となるわけではなく、個々の事案ごとに法令の趣旨等を踏まえて無効か否かが判断される。

　また、法律の留保の原則については、地方自治法14条2項が「普通地方公共団体は、義務を課し、又は権利を制限するには、法令に特別の定めがある場合を除くほか、条例によらなければならない」旨規定している。

E　法の一般原則および行政法の一般原則

　地方自治法に規定されている基本原則に加え、事務処理を含む地方公共団体の活動には法の一般原則が適用される。具体的には、①信義誠実の原則（信義則）、②権利濫用禁止の原則、③平等原則、④比例原則である。また、行政法の一般原則である⑤透明性の原則、⑥説明責任の原則も地方公共団体の活動に適用される。

[1]　信義誠実の原則

　信義誠実の原則とは、「権利の行使及び義務の履行は、信義に従い誠実に行わなければならない」ことであり（民1条2項）、判例では、地方公共団体による工場誘致計画の変更につき、特定人が「社会観念上看過することのできない程度の積極的損害を被る場合に、地方公共団体において右損害を補償するなどの代償的措置を講ずることなく施策を変更することは、それがやむをえない客観的事情によるのでない限り、当事者間に形成された信頼関係を不当に破壊するものとして違法性を帯び、地方公共団体の不法行為責任を生ぜしめる」と判示されている（最判昭和56・1・27民集35巻1号35頁）。

[2]　権利濫用禁止の原則

　権利濫用禁止の原則とは、民法1条3項を根拠とする法の一般原則の1つであり、外観上は正当な権利行使に見えるものであっても、それが社会的に許容される範囲を逸脱している場合には、権利行使を認めないというものである。地方公共団体の権限行使や行為に対して適用・準用されることがある。

[3]　平等原則

　平等原則とは、国・地方公共団体は合理的理由なく国民を不平等に扱っ

てはならないというものであり、憲法14条に規定されている。同原則により、地方公共団体は住民を合理的理由なく不平等に扱うことが禁ぜられる。

[4] 比例原則

比例原則とは、行政活動に際し用いられる手段が、当該活動の目的に対して必要かつ合理的なものであり、バランスのとれたものであることを要求するものである。行政目的達成のための人権制限は必要最小限であるべきとの考え方に基づく。もともとは私人の自由や権利を制限する権力的活動に限界を画する目的で発展した理論であるが、現在では行政活動一般に妥当する原則と解されている。

[5] 透明性の原則

行政の民主的な運営という観点から、後述する説明責任とともに近年求められるようになったものである。透明性の原則とは、行政の意思決定につきその内容と決定過程が国民（住民）にとって明らかであることを要請するものである。行政運営における公正の確保と透明性の向上を目的として、各地方公共団体では行政手続条例が制定されており（行政手続法の内容と酷似）、透明性の確保は行政の民主的運営のみならず住民の権利擁護に資するものとして近年重要視されている。

[6] 説明責任の原則

説明責任（アカウンタビリティ）とは、行政が諸活動をどのように執行しているのかを主権者である国民に対し説明する責任のことを指し、同原則は国民に対する説明責任がまっとうされることを求めるものである。説明責任は民主主義の理念に基づくものであり、地方自治においても妥当することから、地方公共団体も住民に対し説明責任を負うと考えられており、情報公開法や情報公開条例などにその趣旨が反映されている。

知識を確認しよう

〔問題〕

(1) 地方公共団体の事務の種類について説明しなさい。

(2) かつて存在した機関委任事務制度とその問題点について説明しなさい。

(3) 地方公共団体の事務処理の原則のうち、地方自治法に定めがあるものについてその内容を説明しなさい。

〔指針〕

(1) 自治事務と法定受託事務の差異について考察しなさい。

(2) 機関委任事務はどの機関の事務か、事務の処理以外にどのような効果を生じさせていたかを検討しなさい。

(3) 地方公共団体の事務処理の原則は、①地方自治法を根拠とするもの、②法の一般原則、③行政法の一般原則の３つに分けることに留意して、①の原則を整理してみよう。

本章のポイント

1. 普通地方公共団体は、その事務の処理に関し、法律またはこれに基づく政令によらなければ、普通地方公共団体に対する国または都道府県の関与を受け、または要することとされることはないとする、関与の法定主義が重要である。
2. 自治事務、法定受託事務それぞれについて、助言・勧告、資料の提出の要求、同意等の基本的関与類型が規定されている。
3. 関与においても公正・透明な手続を求められ、各関与類型ごとに関与の手続が規定されている。
4. 国と地方公共団体の間の係争処理のために、国地方係争処理委員会が置かれ、その審理手続についても詳細に規定がなされている。
5. 国等の関与や地方公共団体の不作為に対して、それぞれ訴訟によって解決を図るルートが用意されている。

1 関与の意義

地方分権推進委員会第1次勧告、第2次勧告において、関与の法定主義等、国と地方公共団体との関係のルールを定めることが勧告された。普通地方公共団体の事務については、極力、自主性を尊重すべきとされることから、その自主性を損ねる関与のあり方の見直しを求めたのである。地方分権一括法により、機関委任事務制度が廃止されるなど、国と地方公共団体との関係、都道府県と市町村との関係は、上下・主従の関係から、対等・協力の関係へと改まり、普通地方公共団体に対する国または都道府県の関与等に関する規定の整備が図られることとなった。

A 関与の定義

「普通地方公共団体に対する国又は都道府県の関与」とは、地方自治法245条によれば、普通地方公共団体の事務の処理に関し、国の行政機関または都道府県の機関が行う、助言・勧告、資料の提出の要求、是正の要求、同意、許可・認可・承認、指示、代執行（以上、同条1号）、協議（同条2号）、その他一定の行政目的を実現するため普通地方公共団体に対して具体的かつ個別的に関わる行為（同条3号）である。上述の1号・2号において関与の種類が列挙されている。

「助言・勧告」、「資料の提出の要求」は非権力的な関与である。「是正の要求」とは、同条1号ハの定義によれば、普通地方公共団体の事務の処理が法令の規定に違反しているときまたは著しく適正を欠き、かつ、明らかに公益を害しているときに当該普通地方公共団体に対して行われる当該違反の是正または改善のため必要な措置を講ずべきことの求めであって、当該求めを受けた普通地方公共団体がその違反の是正または改善のため必要な措置を講じなければならないものをいう。「許可・認可・承認」は、私人に対する行政行為同様、権力的な関与である。「同意」も同様の性質の関与ではあるが、協議を通じて合意を図る点で、許可等とは異なる。「指示」は、普通地方公共団体に対して一定の作為・不作為の義務を課し、法的拘束力を伴うものである。「代執行」は、同条1号トの定義によれば、普通地方公

共団体の事務の処理が法令の規定に違反しているときまたは当該普通地方公共団体がその事務の処理を怠っているときに、その是正のための措置を当該普通地方公共団体に代わって行うことをいう。

さらに3号が包括的条項となっており、地方自治法の関与のルールの適用対象とされる関与について規定する。3号で規定される関与の具体的な類型としては、検査、監査のほか、後述のいわゆる並行権限の行使等を挙げることができる。3号においては、「相反する利害を有する者の間の利害の調整を目的としてされる裁定その他の行為（その双方を名あて人とするものに限る）及び審査請求その他の不服申立てに対する裁決、決定その他の行為を除く」とされる。このような関与は、学問上、「裁定的関与」といわれるものである。裁定的関与は、紛争解決を目的としたものであることから、通常、別に法律の根拠や手続が定められているし、また地方公共団体以外の当事者の権利救済という観点からは関与を必要最小限にするという基本原則が妥当しない等を理由として、関与から除外されているとされる。

B 国の行政機関等

関与の主体は、「国の行政機関」または「都道府県の機関」である。「国の行政機関」は、内閣府設置法4条3項に規定する事務をつかさどる機関たる内閣府、宮内庁、同法49条1項もしくは2項に規定する機関、国家行政組織法3条2項に規定する機関、法律の規定に基づき内閣の所轄の下に置かれる機関（現行法上、国公3条に規定する人事院）またはこれらに置かれる機関をいう。国会、裁判所のように行政機関でない組織のほか、会計検査院、内閣など行政機関であっても、地方自治法245条にいう「国の行政機関」からは除かれる。

「都道府県の機関」には、知事、委員会等の執行機関のほか、補助機関など都道府県に置かれる機関一般が該当する。「都道府県の機関」には概念上、議会も含まれるが、都道府県の議会が市町村に関与することは想定されていない。

C 固有の資格等

関与の名あて人は、「普通地方公共団体がその固有の資格において当該

行為の名あて人となるもの」（本条柱書）に限られている。「固有の資格」と
は、行政不服審査法7条2項、行政手続法4条1項における「固有の資格」
と同義であり、「一般私人では立ちえない特別の立場」と解されている。
　さらに、本条柱書では、「国または都道府県の普通地方公共団体に対する
支出金の交付及び返還に係るものを除く」とされ、関与の定義から除外さ
れている。これは、国等の支出金については、地方自治法上の関与のルー
ルをそのまま適用することになじまないからであるとされる。

2　関与の法定主義

　平成11 (1999) 年の地方自治法改正前は、地方公共団体に対して、機関
委任事務の処理については、包括的な指揮監督権が認められ、また旧自治
事務についても法的根拠なくして省令・通達等による関与が行われてきた。
現在では、国と普通地方公共団体が対等・協力の関係に立つとされ、国家
による関与を認めるには、民主的正当化根拠としての法律の根拠が必要で
あるという観点に立ち、関与の法定主義が明らかにされるに至った。
　すなわち、普通地方公共団体は、その事務の処理に関し、法律・政令に
よらなければ、普通地方公共団体に対する国または都道府県の関与を受け、
または要することとされることはないとされる（245条の2）。
　ここで、法定主義の対象となる関与には、勧告・助言等の私人に対する
場合の行政指導に当たる非権力的関与の形式も含まれる。

3　関与の基本原則

A　比例原則（必要最小限の原則）等（245条の3第1項）
　関与の法定主義の原則に続き、国が法令によって関与を創設する場合の
立法原則が、比例原則あるいは必要最小限の原則と呼ばれる原則である。

　国は、普通地方公共団体が、その事務の処理に関し、普通地方公共団体に対する関与を受け、または要することとする場合には、その目的を達成するために必要な最小限度のものとしなければならない。さらに、国は、普通地方公共団体の自主性・自立性にも配慮しなければならないとされる。

B　限定的に用いられる関与類型

(1)　代執行等 (245条の3第2項)

　自治事務の処理に関しては、国は、できる限り、普通地方公共団体が、代執行および地方自治法245条3号の関与を受け、または要することのないようにしなければならない。また、法定受託事務の処理に関しては、国は、できる限り、普通地方公共団体が、同条3号の関与を受け、または要することのないようにしなければならない。

　ただし、地方分権推進委員会の第一次勧告および地方分権推進計画において、自治事務については国の行政機関または都道府県知事は代執行することができないとされていた点には留意すべきである。

(2)　協議 (245条の3第3項)

　自治事務と法定受託事務の処理に関して、国は、国または都道府県の施策と普通地方公共団体の施策との間の調整が必要な場合を除き、普通地方公共団体が、普通地方公共団体に対する国または都道府県の関与とされる協議を要することとすることのないようにしなければならない。

(3)　同意 (245条の3第4項)

　自治事務の処理に関し、国は、国または都道府県の施策と普通地方公共団体の施策との整合性を確保しなければこれらの施策の実施に著しく支障が生ずると認められる場合を除き、普通地方公共団体が、普通地方公共団体に対する国または都道府県の関与とされる同意を要することとすることのないようにしなければならない。

(4)　許可・認可・承認 (245条の3第5項)

　自治事務の処理に関し、国は、普通地方公共団体が特別の法律により法人を設立する場合等自治事務の処理について国の行政機関または都道府県の機関の許可、認可または承認を要することとすること以外の方法によってその処理の適正を確保することが困難であると認められる場合を除き、

普通地方公共団体が、普通地方公共団体に対する国または都道府県の関与とされる許可・認可・承認を要することとすることのないようにしなければならない。このように、自治事務の処理に関しては、許可・認可・承認は、原則認められない。許可・認可・承認は、それぞれ行政法学上の行政行為と同様の法的効果を持つとされている。

(5) 指示 (245条の3第6項)

自治事務の処理に関し、国は、国民の生命、身体または財産の保護のため緊急に自治事務の的確な処理を確保する必要がある場合等特に必要と認められる場合を除き、普通地方公共団体が、普通地方公共団体に対する国または都道府県の関与とされる指示に従わなければならないこととすることのないようにしなければならない。

C　基本的関与類型

地方自治法245条に挙げられている関与の類型と、同法245条の3第2項〜6項を合わせ考えると、自治事務においては、助言・勧告、資料の提出要求、是正の要求、協議が基本的な関与の類型である。一方、法定受託事務にあっては、助言・勧告、資料の提出要求、同意、許可・認可・承認、指示、代執行、協議が基本的な関与類型ということになる。

図4-1は、その概要を示したものである。

D　地方自治法を根拠とする関与

地方分権推進計画では、助言および勧告、資料の提出の要求、是正措置要求、是正の勧告、法定受託事務に係る是正措置を講ずべき旨の指示ならびに代執行については、直接、地方自治法に基づき行うことができるとされていた。地方自治法245条の4〜245条の8が、それらの関与についての規定となっている。図4-2は、助言・勧告、是正の要求等の概要を示している。

(1) 技術的な助言・勧告、資料の提出の要求 (245条の4)

各大臣または都道府県知事等は、その担任する事務に関し、普通地方公共団体に対し、普通地方公共団体の事務（自治事務、法定受託事務の双方とも）の運営その他の事項について適切と認める技術的な助言・勧告ができるし、

【国の地方公共団体に対する関与の基本原則】

※ ▨ は地方自治法に一般的な根拠規定が置かれている関与

	自治事務	法定受託事務
助言・勧告	○	○
資料の提出の要求	○	○
是正の要求	○	
同意	特定の場合以外設けない※1	○
許可・認可・承認	特定の場合以外設けない※1	○
指示	特定の場合以外設けない※1	○（是正の指示）
代執行	原則として設けない※2	○
協議	特定の場合以外設けない※1	特定の場合以外設けない※1
その他の関与	原則として設けない※2	原則として設けない※2

※1「特定の場合以外設けない」　（例えば「協議」については、）国は、国又は都道府県の施策との間の調整が必要な場合を除き、普通地方公共団体が、「協議」を要することとすることのないようにしなければならない（法§245-3③）	※2「原則として設けない」　国は、できる限り、普通地方公共団体が、次の関与を受け、又は要することとすることのないようにしなければならない（法§245-3②）。①自治事務の処理に関しては「代執行」「その他の関与」②法定受託事務の処理に関しては「その他の関与」	国は、普通地方公共団体が国の関与を受け、又は要することとする場合には、その目的を達成するために必要な最小限度のものとするとともに、普通地方公共団体の自主性及び自立性に配慮しなければならない（法§245-3①）

出典）総務省ウェブサイト（http://www.soumu.go.jp/main_content/000467822.pdf）令和5（2023）年9月28日検索.

図4-1　関与の基本原則

当該助言・勧告をするため、または普通地方公共団体の事務の適正な処理に関する情報を提供するため必要な資料の提出を求めることができる（同条1項）。ここで、「技術的」とは、主観的な判断を伴わない趣旨である。

　各大臣は、その担任する事務に関し、都道府県知事等に対し、市町村に対する助言・勧告、資料の提出の求めに関し、必要な指示をすることができる（同条2項）。一方、普通地方公共団体の長その他の執行機関は、各大臣または都道府県知事等に対し、その担任する事務の管理および執行について技術的な助言・勧告、必要な情報の提供を求めることができる（同条3項）。

	助言・勧告 (法§245-4)	是正の要求 (法§245-5)	是正の勧告 (法§245-6)	是正の指示 (法§245-7)
権限の主体（国）	•各大臣	•各大臣	—	•各大臣
（都道府県）	•都道府県知事 •その他の執行機関 ［•各大臣からの指示があった場合 •都道府県自らの判断でも可］	•都道府県知事 •都道府県教育委員会 •都道府県選挙管理委員会 ［•各大臣からの指示があった場合に限る］	（都道府県－市町村間に限られる関与） •都道府県知事 •都道府県教育委員会 •都道府県選挙管理委員会 ［•都道府県自らの判断に限る］	•都道府県知事 •都道府県教育委員会 •都道府県選挙管理委員会 ［•各大臣からの指示があった場合 •都道府県自らの判断でも可］
対象事務	•自治事務 •法定受託事務	•自治事務	•自治事務	•法定受託事務
要件	•地方公共団体の事務の運営その他の事項について適切と認められる場合	•事務の処理が法令の規定に違反していると認めるとき •事務の処理が著しく適正を欠き、かつ、明らかに公益を害していると認めるとき	•事務の処理が法令の規定に違反していると認めるとき •事務の処理が著しく適正を欠き、かつ、明らかに公益を害していると認めるとき	•事務の処理が法令の規定に違反していると認めるとき •事務の処理が著しく適正を欠き、かつ、明らかに公益を害していると認めるとき
求めを受けた者の事務	•法的義務はなく、勧告を尊重すべき義務を負うに過ぎない ［解釈］ •具体的措置内容は地方公共団体の裁量	•違反の是正又は改善のため必要な措置を講ずべき法的義務 ［明文］ •具体的措置内容は地方公共団体の裁量	•法的義務はなく、勧告を尊重すべき義務を負うに過ぎない ［解釈］ •具体的措置内容は地方公共団体の裁量	•違反の是正又は改善のため必要な措置を講ずべき法的義務 ［解釈］ •具体的措置内容についても指示で能で地方公共団体を拘束
求めに従わなかった場合の措置	•代執行は 不可	•代執行は 不可	•代執行は 不可	•代執行は 可

図4-2 助言・勧告、是正の要求、是正の勧告、是正の指示

出典）総務省ウェブサイト（http://www.soumu.go.jp/main_content/000451043.pdf）令和5(2023)年9月28日検索。

(2) 是正の要求（245 条の 5）

　各大臣は、その担任する事務に関し、都道府県の自治事務の処理が法令の規定に違反していると認めるとき、または著しく適正を欠き、かつ、明らかに公益を害していると認めるときは、当該自治事務の処理について違反の是正または改善のため必要な措置を講ずべきことを求めることができる（同条 1 項）。また、各大臣は、その担任する事務に関し、市町村の事務（自治事務のほか、第 2 号法定受託事務を含む）の処理が法令の規定に違反していると認めるとき、または著しく適正を欠き、かつ、明らかに公益を害していると認めるときは、都道府県の執行機関に対し、当該事務の処理について違反の是正または改善のため必要な措置を講ずべきことを当該市町村に求めるよう指示をすることができる（同条 2 項）。この指示を受けた都道府県の執行機関は、当該市町村に対し、是正の要求を行わなければならない（同条 3 項）。さらに、各大臣は、緊急を要するときその他特に必要があると認めるときは、自ら当該市町村に対し、是正の要求をすることができる（同条 4 項）。

　是正の要求を受けた普通地方公共団体は、当該事務の処理について必要な措置を講じなければならないが（同条 5 項）、どのような措置を講じるかは、地方公共団体の裁量に委ねられている。

(3) 是正の勧告（245 条の 6）

　都道府県の執行機関は、市町村の自治事務の処理が法令の規定に違反していると認めるとき、または著しく適正を欠き、かつ、明らかに公益を害していると認めるときは、当該市町村に対し、当該自治事務の処理について違反の是正または改善のため必要な措置を講ずべきことを勧告することができる（同条 1 項）。

(4) 是正の指示（245 条の 7）

　各大臣は、その所管する法律・政令に係る都道府県の法定受託事務の処理が法令の規定に違反していると認めるとき、または著しく適正を欠き、かつ、明らかに公益を害していると認めるときは、当該都道府県に対し、当該法定受託事務の処理について違反の是正または改善のため講ずべき措置に関し、必要な指示をすることができる（同条 1 項）。

■ コラム ■ 辺野古問題

　沖縄県宜野湾市の米軍普天間基地の代替施設として沖縄県名護市辺野古の米軍キャンプ・シュワブ沿岸地を埋め立てて滑走路を建設することとした移設計画をめぐって、沖縄県と国との間で争われている問題である。平成25（2013）年に国の沖縄防衛局は沖縄県知事より公有水面埋立の承認を受け、平成30（2018）年辺野古沖への土砂投入が開始されたが、予定海域に軟弱地盤があることが判明した。そこで沖縄防衛局は、令和2（2020）年に軟弱地盤改良の設計変更申請を行ったが、県知事は、令和3（2021）年設計変更不承認処分を行った。これに対し、沖縄防衛局が行政不服審査法に基づく審査請求を行い、国土交通大臣は令和4（2022）年4月に設計変更不承認処分を取り消す裁決を行うとともに、変更承認申請について承認するよう是正の指示をした。県知事は、この裁決および是正の指示について、国地方係争処理委員会に対し審査申出をしたが、同委員会は、本件裁決の審査申出については却下し、本件是正の指示については違法でないと認める旨の決定をした。そこで、県知事は本件是正の指示が違法な国の関与であると主張し、本件是正の指示についての同委員会の決定の取消しを求めて出訴した。最高裁は、令和5（2023）年9月4日、「法定受託事務に係る申請を棄却した都道府県知事の処分がその根拠となる法令の規定に違反するとして、これを取り消す裁決がされた場合において、都道府県知事が上記処分と同一の理由に基づいて上記申請を認容する処分をしないことは、地方自治法245条の7第1項所定の法令の規定に違反していると認められるものに該当する。」と判示し、沖縄県の訴えを退けている。

　都道府県の執行機関は、市町村の法定受託事務の処理が法令の規定に違反していると認めるとき、または著しく適正を欠き、かつ、明らかに公益を害していると認めるときは、当該市町村に対し、当該法定受託事務の処理について違反の是正または改善のため講ずべき措置に関し、必要な指示をすることができる（同条2項）。また、これに関連して、各大臣は、その所管する法律・政令に係る市町村の第1号法定受託事務の処理について、都道府県の執行機関に対し、市町村に対する指示に関し、必要な指示をす

ることができる（同条3項）。

　さらに、各大臣は、緊急を要するときその他特に必要があると認めるときは、自ら当該市町村に対し、当該第1号法定受託事務の処理について違反の是正または改善のため講ずべき措置に関し、必要な指示をすることができる（同条4項）。

(5) 代執行（245条の8）

　各大臣は、その所管する法律・政令に係る都道府県知事の法定受託事務

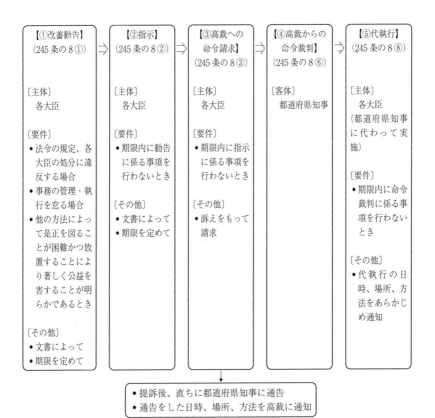

※ 対象は法定受託事務のみ、手続は文書で
※ 市町村に対しては、都道府県知事が代執行を実施（245条の8⑫による準用・読替）

出典）総務省ウェブサイト（http://www.soumu.go.jp/main_content/000032771.pdf）令和5（2023）年9月28日検索.

図4-3　地方自治法の代執行の手続

の管理もしくは執行が法令の規定もしくは当該各大臣の処分に違反するものがある場合または当該法定受託事務の管理もしくは執行を怠るものがある場合において、他の方法によってその是正を図ることが困難であり、かつ、それを放置することにより著しく公益を害することが明らかであるときには、代執行を行うことができる。

代執行の手続は、図4-3に示すものとなっている。

4 法定受託事務の処理基準

自治事務とは異なり、法定受託事務は、国または都道府県が本来果たすべき役割にかかる事務であるため、都道府県または市町村が処理するに当たり整合性が図られることが求められる。地方自治法245条の9第1項は、各大臣は、その所管する法律・政令に係る都道府県の法定受託事務の処理について、都道府県が当該法定受託事務を処理する際の基準を定めることができるとする。また、同条2項は、都道府県の執行機関は、市町村の法定受託事務の処理について、市町村が当該法定受託事務を処理する際の基準を定めることができるとする。処理基準を定める都道府県の執行機関は、市町村長その他の市町村の執行機関（教育委員会および選挙管理委員会を除く）の担任する法定受託事務の場合は都道府県知事（同項1号）、市町村教育委員会の担任する法定受託事務の場合は都道府県教育委員会（同項2号）、市町村選挙管理委員会の担任する法定受託事務の場合は都道府県選挙管理委員会（同項3号）となっている。

各大臣は、特に必要があると認めるときは、その所管する法律・政令に係る市町村の第1号法定受託事務の処理について、市町村が当該第1号法定受託事務を処理する際の基準を定めることができるが（同条3項）、通常は、同条2項の規定により定める基準に関し、都道府県の執行機関に対し、必要な指示をすることができるにとどまる（同条4項）。同条2項において都道府県の執行機関の定める基準は、同条3項の規定により各大臣の定める基準に抵触するものであってはならない。

　各大臣または都道府県の執行機関が定める処理基準は、その目的を達成するために必要な最小限度のものでなければならない（同条5項）。

　この処理基準は、地方自治法245条各号所定の「関与」には該当しないと解されている。

　自治事務の処理基準の設定についての規定はなく、必要な場合には、法律またはこれに基づく政令の根拠が必要と考えるべきである。

5 関与の手続

　平成9（1997）年に提出された地方分権推進委員会第2次勧告において、関与にかかる手続について、「書面主義の原則」、「手続の公正・透明性の確保」および「事務処理の迅速性の確保」が求められた。これらは、行政と国民との間を規律する行政手続法に範を採ったものとされる。地方自治法246条〜256条の6は、上述の理念に沿った、関与の手続ルールについての規定となっている。

(1) 助言等における書面の交付義務

　国の行政機関または都道府県の機関は、普通地方公共団体に対し、助言等を書面によらないで行った場合において、当該普通地方公共団体から当該助言等の趣旨および内容を記載した書面の交付を求められたときは、これを交付しなければならない（247条1項）。そして、国または都道府県の職員は、普通地方公共団体が国の行政機関または都道府県の機関が行った助言等に従わなかったことを理由として、不利益な取扱いをしてはならないとされる（同条3項）。

　資料の提出の要求等においても、国の行政機関または都道府県の機関は、書面によらないで行った場合において、当該普通地方公共団体から当該資料の提出の要求等の趣旨および内容を記載した書面の交付を求められたときは、これを交付しなければならない（248条）。また、国の行政機関または都道府県の機関は、普通地方公共団体の申出に基づく協議について意見を述べた場合において、当該普通地方公共団体から当該協議に関する意見

の趣旨および内容を記載した書面の交付を求められたときは、これを交付しなければならない（250条2項）。

(2) 是正の要求等および許認可の取消しにおける理由の書面の交付義務

国の行政機関または都道府県の機関は、普通地方公共団体に対し、是正の要求等をするときは、当該是正の要求等の内容および理由を記載した書面を交付しなければならない（249条1項）。ただし、当該書面を交付しないで是正の要求等をすべき差し迫った必要がある場合は、是正の要求等をした後相当の期間内に、当該書面を交付しなければならない（同条1項・2項）。

また、国の行政機関または都道府県の機関は、普通地方公共団体に対し、申請等に係る許認可等を拒否する処分をするときまたは許認可等の取消し等をするときは、当該許認可等を拒否する処分または許認可等の取消し等の内容および理由を記載した書面を交付しなければならない（250条の4）。

(3) 許認可等の基準設定・公表、許認可等の取消し等の基準設定・公表

国の行政機関または都道府県の機関は、普通地方公共団体からの法令に基づく申請または協議の申出があった場合において、許認可等をするかどうかを法令の定めに従って判断するために必要とされる基準を定め、かつ、行政上特別の支障があるときを除き、これを公表しなければならないし（250条の2第1項）、許認可等の取消し等をするかどうかを法令の定めに従って判断するために必要とされる基準を定め、かつ、これを公表するよう努めなければならない（同条2項）。許認可等の基準設定および公表は、義務的とされているのに対し、許認可等の取消し等の基準設定・公表は努力義務にとどまる。

この基準を定めるに当たっては、当該許認可等や許認可等の取消し等の性質に照らしてできる限り具体的なものとしなければならない（同条3項）。

(4) 許認可等の標準処理期間の設定・公表

国の行政機関または都道府県の機関は、申請等がその事務所に到達してから当該申請等に係る許認可等をするまでに通常要すべき標準的な期間（法令により当該国の行政機関または都道府県の機関と異なる機関が当該申請等の提出先とされている場合は、併せて、当該申請等が当該提出先とされている機関の事務所に到達してから当該国の行政機関または都道府県の機関の事務所に到達するまでに通常要すべき標準的な期間）を定め、かつ、これを公表するよう努めなければならな

い（250条の3第1項）。このように、国の行政機関等は、許認可等の標準処理期間の設定・公表について努力義務を負う。

また、国の行政機関または都道府県の機関は、申請等が法令により当該申請等の提出先とされている機関の事務所に到達したときは、遅滞なく当該申請等に係る許認可等をするための事務を開始しなければならない（同条2項）とされ、到達主義に基づき申請等に対する処理開始義務が定められている。

(5) 届出

普通地方公共団体から国の行政機関または都道府県の機関への届出が届出書の記載事項に不備がないこと、届出書に必要な書類が添付されていることその他の法令に定められた届出の形式上の要件に適合している場合は、当該届出が法令により当該届出の提出先とされている機関の事務所に到達したときに、当該届出をすべき手続上の義務が履行されたものとする（250条の5）。行政手続法37条同様、届出の手続的効果を到達主義に基づいて明らかにした規定である。届出は、基本類型以外の関与とされ、地方自治法には届出の定義は置かれていない。しかし、行政手続法における届出（行手2条7号）に準じて解されている。

(6) 国の直接執行の行使の通知（並行権限の行使の通知）

国の行政機関は、自治事務として普通地方公共団体が処理している事務と同一の内容の事務を法令の定めるところにより自らの権限に属する事務として処理するときは、あらかじめ当該普通地方公共団体に対し、当該事務の処理の内容および理由を記載した書面により通知しなければならない（250条の6第1項）。ただし、当該通知をしないで当該事務を処理すべき差し迫った必要がある場合は、国の行政機関は、自ら当該事務を処理した後相当の期間内に、同項の通知をしなければならない（同条1項・2項）。

国の行政機関による直接執行は、地方公共団体の事務執行と競合するため、行政の効率的な運営等が損なわれる恐れがある。必要な調整を行うために、国の行政機関に原則として事前通知義務を課しているのである。

6 国と地方公共団体間および地方公共団体相互間の紛争処理

A 国地方係争処理委員会

　普通地方公共団体に対する、国・都道府県の関与の仕組みが法定化されたが、その関与のルールが遵守される仕組みが必要である。何らかの係争が生じた際に、一足飛びに司法権の判断を仰ぐという制度設計も考えられるが、住民監査請求→住民訴訟の一連の流れのように、裁判所の負担軽減のため、係争のスクリーニングを行うことも考えられる。地方自治法は、その250条の7第1項により、国地方係争処理委員会を置くこととした。

　国地方係争処理委員会は、普通地方公共団体に対する関与のうち国の行政機関が行うものに関する審査の申出につき、地方自治法の規定によりその権限に属させられた事項を処理する（250条の7第2項）。

　国地方係争処理委員会は、常設であり、委員5人をもって組織される（250条の8）。委員は、優れた識見を有する者のうちから、両議院の同意を得て、総務大臣が任命する（250条の9）。

B 国地方係争処理委員会による審査手続

(1) 審査手続の対象等

　普通地方公共団体の長その他の執行機関は、その担任する事務に関する国の関与のうち是正の要求、許可の拒否その他の処分その他公権力の行使に当たるものに不服があるときは、国地方係争処理委員会に対し、当該国の関与を行った国の行政庁を相手方として、文書で、審査の申出をすることができる（250条の13第1項）。是正の要求等にかかる審査の申出は、当該国の関与があった日から30日以内にしなければならない。ただし、天災その他審査の申出をしなかったことについてやむを得ない理由があるときは、この限りでない（同条4項・5項）。

　国地方係争処理委員会の審査手続の対象とされるのは、国の関与のうち是正の要求、許可の拒否その他の処分その他公権力の行使に当たるもの（同条1項）のほか、不作為（国の行政庁が、申請等が行われた場合において、相当の期間内に何らかの国の関与のうち許可その他の処分その他公権力の行使に当たるものをす

べきにかかわらず、これをしないこと）（同条2項）および協議（同条3項）である。

　普通地方公共団体の長その他の執行機関は、審査の申出をしようとするときは、相手方となるべき国の行政庁に対し、その旨をあらかじめ通知しなければならない（同条7項）。

(2) 勧告

　国地方係争処理委員会は、自治事務に関する国の関与について、是正の要求、許可の拒否その他の処分その他公権力の行使に当たるものの審査の申出があった場合においては、審査を行い、国の行政庁の行った国の関与が違法または普通地方公共団体の自主性および自立性を尊重する観点から不当であると認めるときは、当該国の行政庁に対し、理由を付し、かつ、期間を示して、必要な措置を講ずべきことを勧告するとともに、当該勧告の内容を当該普通地方公共団体の長その他の執行機関に通知し、かつ、これを公表しなければならない（250条の14第1項）。法定受託事務に関する関与の場合もほぼ同様であるが、自治事務に関する関与については違法性・不当性の観点から審査が行われるのに対し、法定受託事務に関する関与については違法性の観点からのみの審査となる（同条2項）。

　不作為の場合も、審査の申出に理由があると認めるときは、当該国の行政庁に対し、理由を付し、かつ、期間を示して、必要な措置を講ずべきことを勧告するとともに、当該勧告の内容を当該普通地方公共団体の長その他の執行機関に通知し、かつ、これを公表しなければならない（同条3項）。協議の場合は、審査の申出があったときは、当該審査の申出に係る協議について当該協議に係る普通地方公共団体がその義務を果たしているかどうかを審査し、理由を付してその結果を当該審査の申出をした普通地方公共団体の長その他の執行機関および相手方である国の行政庁に通知するとともに、これを公表しなければならない（同条4項）。

　以上の審査および勧告は、審査の申出があった日から90日以内に行わなければならない（同条5項）。

(3) 国の行政庁の措置等

　国地方係争処理委員会の勧告があったときは、当該勧告を受けた国の行政庁は、当該勧告に示された期間内に、当該勧告に即して必要な措置を講ずるとともに、その旨を国地方係争処理委員会に通知しなければならない。

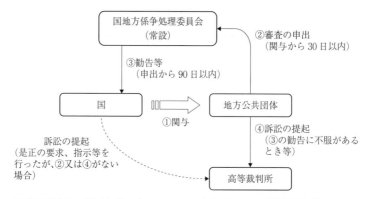

出典）総務省ウェブサイト（http://www.soumu.go.jp/main_content/000451044.pdf）
令和5（2023）年9月28日検索.

図4-4　国地方係争処理委員会による審査の手続

　この場合においては、国地方係争処理委員会は、当該通知に係る事項を当該勧告に係る審査の申出をした普通地方公共団体の長その他の執行機関に通知し、かつ、これを公表しなければならない（250条の18第1項）。また、国地方係争処理委員会は、勧告を受けた国の行政庁に対し、講じた措置についての説明を求めることができる（同条2項）。

（4）調停

　国地方係争処理委員会は、国の関与に関する審査の申出があった場合において、職権により、調停案を作成して、これを当該国の関与に関する審査の申出をした普通地方公共団体の長その他の執行機関および相手方である国の行政庁に示し、その受諾を勧告するとともに、理由を付してその要旨を公表することができる（250条の19）。この調停案に係る調停は、調停案を示された普通地方公共団体の長その他の執行機関および国の行政庁から、これを受諾した旨を記載した文書が国地方係争処理委員会に提出されたときに成立するものとする。

　これまでの説明を後述する訴訟も含めて図示すれば、**図4-4**のようになる。

C　自治紛争処理委員

　普通地方公共団体相互間・普通地方公共団体の機関相互間の紛争の調停および普通地方公共団体に対する関与のうち都道府県の機関が行うものに

関する審査等に対しては、自治紛争処理委員が、その処理に当たる（251条1項）。自治紛争処理委員は、3人とし、事件ごとに、優れた識見を有する者のうちから、総務大臣または都道府県知事がそれぞれ任命する（同条2項）。国地方係争処理委員会とは異なり、自治紛争処理委員は、事件ごとに任命される。

D　自治紛争処理委員による審査手続

　総務大臣は、市町村長その他の市町村の執行機関が、その担任する事務に関する都道府県の関与のうち是正の要求、許可の拒否その他の処分その他公権力の行使に当たるものに不服があり、文書により、自治紛争処理委員の審査に付することを求める旨の申出をしたときは、速やかに、自治紛争処理委員を任命し、当該申出に係る事件をその審査に付さなければならない（251条の3第1項）。国地方係争処理委員会による審査手続と同様に、自治紛争処理委員による審査手続の対象も、是正の要求、許可の拒否その他の処分その他公権力の行使に当たるもの（同条1項）、不作為（同条2項）および協議（同条3項）である。

　その他の手続についても、国地方係争処理委員会による審査手続とほぼ同様のものとなっている。後述する訴訟も含めてこれまでの説明を図示すれば、図4-5のようになる。

E　普通地方公共団体に対する国または都道府県の関与に関する訴え
[1]　国の関与に関する訴えの提起
(1)　訴訟の提起

　①国地方係争処理委員会の審査の結果または勧告に不服があるとき、②国地方係争処理委員会の勧告に対する国の行政庁の措置に不服があるとき、③当該審査の申出をした日から90日を経過しても、国地方係争処理委員会が審査または勧告を行わないとき、④国の行政庁が国地方係争処理委員会の勧告に対する措置を講じないとき、のいずれかの場合に、国の関与に対する審査の申出（協議に対するものを除く）をした普通地方公共団体の長その他の執行機関は、高等裁判所に対し、当該審査の申出の相手方となった国の行政庁を被告として、当該審査の申出に係る違法な国の関与の取消訴訟

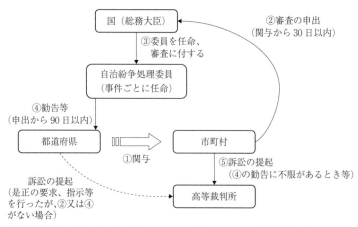

出典）総務省ウェブサイト（http://www.soumu.go.jp/main_content/000451044.pdf）
　　　令和5（2023）年9月28日検索.

図4-5　自治紛争処理委員による審査の手続

または当該審査の申出に係る国の不作為の違法確認訴訟を提起することができる。ただし、違法な国の関与の取消訴訟を提起する場合において、被告とすべき行政庁がないときは、当該訴えは、国を被告として提起しなければならない（251条の5第1項）。

(2) 出訴期間

　上述の取消訴訟または不作為の違法確認訴訟の出訴期間は、以下の通りである。①の場合は、国地方係争処理委員会の審査の結果または勧告の内容の通知があった日から30日以内、②の場合は、国地方係争処理委員会の通知があった日から30日以内、③の場合は、当該審査の申出をした日から90日を経過した日から30日以内、④の場合は、国地方係争処理委員会の勧告に示された期間を経過した日から30日以内である（同条2項）。

(3) その他

　①～④の場合の各訴えは、当該普通地方公共団体の区域を管轄する高等裁判所の管轄に専属する（同条3項）。また、訴えに係る高等裁判所の判決に対する上告の期間は、1週間とされる（同条6項）。

　国の関与を取り消す判決は、関係行政機関に対しても効力を有する（同条7項）。

都道府県の関与に関する訴えの提起も、ほぼ同様のものとなっている（251条の6）。

[2] 普通地方公共団体の不作為に関する国の訴えの提起

(1) 訴訟の提起

都道府県の自治事務および市町村の事務（第1号法定受託事務を除く）の処理に関する是正の要求、あるいは都道府県の法定受託事務および市町村の第1号法定受託事務の処理に関する指示を行った各大臣は、①普通地方公共団体の長・その他の執行機関が、是正の要求または指示に関し、国地方係争処理委員会に審査の申出をせず、かつ、当該是正の要求に応じた措置または指示に係る措置を講じないとき、②国地方係争処理委員会に審査の申出をしたものの、審査の結果または勧告の内容の通知がなされても（あるいは90日経過しても審査・勧告が行われない場合を含む）、当該普通地方公共団体の長その他の執行機関が是正の要求または指示の取消訴訟の提起をせず、かつ、当該是正の要求に応じた措置または指示に係る措置を講じないときには、高等裁判所に対し、当該是正の要求または指示を受けた普通地方公共団体の不作為（是正の要求または指示を受けた普通地方公共団体の行政庁が、相当の期間内に是正の要求に応じた措置または指示に係る措置を講じなければならないにもかかわらず、これを講じないことをいう）に係る普通地方公共団体の行政庁を被告として、当該普通地方公共団体の不作為の違法確認訴訟を提起することができる（251条の7第1項）。

辺野古公有水面埋立承認取消処分の取消しを求めた国土交通大臣の是正指示に従わない不作為の違法確認訴訟（最判平成28・12・20民集70巻9号2281頁）では、同取消処分を取り消さないことは違法であるとした。

(2) 出訴期間

普通地方公共団体に対する不作為の違法確認訴訟は、審査の申出の期間、訴えの提起の期間等が経過するまで提起することはできない（同条2項）。

[3] 市町村の不作為に関する都道府県の訴えの提起

(1) 指示・訴訟の提起

市町村の事務の処理に関し都道府県に対し是正の要求の指示を行った各大臣は、市町村長等が審査の申出をせず是正の要求にも応じない等の場合

に、当該是正の要求を行った都道府県の執行機関に対して、高等裁判所に対し、当該是正の要求を受けた市町村の不作為に係る市町村の行政庁を被告として、当該市町村の不作為の違法確認訴訟を提起するよう指示をすることができる（252条1項）。この指示を受けた都道府県の執行機関は、高等裁判所に対し当該市町村の不作為に係る市町村の行政庁を被告として、当該市町村の不作為の違法確認訴訟を提起しなければならない（同条2項）。

　また、市町村の機関の法定受託事務の処理について、市町村に対し指示を行った都道府県の執行機関は、審査の申出をせず指示に係る措置も講じない等のときは、高等裁判所に対し、当該指示を受けた市町村の不作為に係る市町村の行政庁を被告として、当該市町村の不作為の違法確認訴訟を提起することができる（同条3項）。

(2) 出訴期間

　上述の2項・3項の訴えは、審査の申出の期間、訴えの提起の期間等が経過するまで、提起することはできない（同条5項）。

知識を確認しよう

問題

(1) 関与の法定主義の意義を検討しなさい。

(2) 自治事務と法定受託事務のそれぞれにおける基本的関与類型を挙げなさい。

(3) 国地方係争処理委員会の審査手続の概略を検討しなさい。

指針

(1) 国と地方公共団体の対等・協力の関係において、一方的な判断でのみ関与ができるのか、地方分権推進計画等も参考にしながら考えなさい。

(2) 地方自治法245条と245条の3の条文に基づいて考えなさい。

(3) 地方自治法250条の13から250条の19までの条文に基づいて、審査手続を考えなさい。

第 5 章

住民の権利と義務

本章のポイント

1. 地方公共団体の人的構成要素である住民は、「市町村の区域内に住所を有する者」であり、自然人と法人を含む。

2. 地方自治法上、参政権として選挙権、直接請求が規定されているが、直接請求の制度には、条例の制定改廃請求、事務監査請求、議会の解散請求、議員等の解職請求等がある。

3. また最近では、住民投票条例による住民投票のように住民の意思を反映する制度が用いられることがある。

4. 公の施設利用は、住民の権利の１つであり、不当な差別的取扱いがあってはならない。

1 ● 住民の意義

A 住民

　地方公共団体にとって住民は、その人的構成要素であるとともに、住民の福祉の増進を図ることが、地方公共団体の存立目的とされる（1条の2第1項）。地方自治法10条1項は、住民の意義について、「市町村の区域内に住所を有する者は、当該市町村及びこれを包括する都道府県の住民とする」と規定する。すなわち、住民たる要件としては、「住所」という事実のみに着目しているのである。

　「市町村の区域内に住所を有する者」には、自然人と法人とを含む。自然人については、人種・性別・年齢・行為能力・国籍も要件とされていない。ただし、日本国籍を有しない者には、選挙権、被選挙権等の住民としての権利義務に一定の制約が存する場合がある。

　地方公共団体の行う行政の対象は住民であることから、市町村は、その住民につき、住民たる地位に関する正確な記録を常に整備しておかなければならない（13条の2）。そのために、住民基本台帳法が、「住民の居住関係の公証、選挙人名簿の登録その他の住民に関する事務の処理の基礎とするとともに住民の住所に関する届出等の簡素化を図り、あわせて住民に関する記録の適正な管理を図るため、住民に関する記録を正確かつ統一的に行う住民基本台帳の制度」（住民台帳1条）を定めている。

　平成21（2009）年改正前の住民基本台帳法は、外国人には適用されなかったが（平成21年改正前の住民台帳39条）、外国人登録法の廃止に伴い、同法の改正が行われた。その結果、「第4章の3　外国人住民に関する特例」の規定が設けられ（住民台帳30条の45〜30条の51）、中長期在留者、特別永住者、一時庇護許可者、仮滞在許可者、出生による経過滞在者、国籍喪失による経過滞在者については、同法が適用されることとなった。

B 住所

　民法22条は、自然人の住所について「各人の生活の本拠」と規定している。地方公共団体の住民たる要件である「住所」は、自然人については、民

法の規定と同旨であると解されている。「生活の本拠」は、客観的な生活実態が重視される（最判昭和27・4・15民集6巻4号413頁）。

　法人の住所については、「主たる事務所の所在地」（一般法人4条）、「本店の所在地」（会社4条）等とされる。

　住民基本台帳法4条によれば、住民の住所に関する法令の規定は、地方自治法10条1項に規定する住民の住所と異なる意義の住所を定めるものと解釈してはならないとされ、住所の認定について、関係法令における解釈運用を一致させることを図っている。そして、市町村長は、住民の住所の認定について他の市町村長と意見を異にし、その協議が調わないときは、都道府県知事（関係市町村が2以上の都道府県の区域内の市町村である場合には、主務大臣）に対し、その決定を求める旨を申し出なければならない。主務大臣または都道府県知事は、その申出を受けた日から60日以内に決定をしなければならず、関係市町村長は、決定に不服があるときは、決定の通知を受けた日から30日以内に裁判所に出訴することができるとされている（住民台帳33条）。

　住所の認定につき争われた具体的な事案を見てみよう。修学のため大学附属寮で生活していた学生の住所認定が争われた事案（最大判昭和29・10・20民集8巻10号1907頁）では、「およそ法令において人の住所につき法律上の効果を規定している場合、反対の解釈をなすべき特段の事由のない限り、その住所とは各人の生活の本拠を指すものと解するを相当とする。……被上告人等は、日常渡里村内星嶺寮を本拠として生活しているのであつて、これを同村の住民と解することに少しも支障はないのである。郷里またはその他の入寮前の居住地こそ、入寮後の日常生活においては直接に関係がないのであつて、特段の事情のない限り、それらの土地になお生活の本拠があると認定することこそ却つて失当であるというべきである」とし、原則、大学附属寮の所在地に住所があると判示している。

　また、いわゆるホームレスの住所について争われた事案（最判平成20・10・3判時2026号11頁）では、「上告人は、都市公園法に違反して、都市公園内に不法に設置されたキャンプ用テントを起居の場所とし、公園施設である水道設備等を利用して日常生活を営んでいることなど原審の適法に確定した事実関係の下においては、社会通念上、上記テントの所在地が客観的に

生活の本拠としての実体を具備しているものと見ることはできない」と判示し、住所の認定においては、正当な居住関係であるか否かが重視されることを示している。

　直接、住所の認定に関わる事案ではないが、宗教団体の信者からの転入届の不受理が争われた事案（最判平成15・6・26判時1831号94頁）において、「市町村長（地方自治法252条の19第1項の指定都市にあっては区長）は、住民基本台帳法（以下「法」という。）の適用が除外される者以外の者から法22条（平成11年法律第133号による改正前のもの）の規定による転入届があった場合には、その者に新たに当該市町村（指定都市にあっては区）の区域内に住所を定めた事実があれば、法定の届出事項に係る事由以外の事由を理由として転入届を受理しないことは許されず、住民票を作成しなければならない」と判示し、住所認定において客観的な居住の実態を重視する方向と軌を一にするものと解される。

2　住民の参政権（選挙権、直接請求、住民投票）

A　選挙権

　日本国憲法は、公務員を選定し、およびこれを罷免することは、国民固有の権利であるとし（憲15条）、さらに、地方公共団体の長、その議会の議員および法律の定めるその他の吏員は、その地方公共団体の住民が、直接これを選挙すると規定する（憲93条）。これらの憲法の規定を受けて、地方自治法11条は、日本国民たる普通地方公共団体の住民は、この法律の定めるところにより、その属する普通地方公共団体の選挙に参与する権利を有するとする。「選挙に参与する権利」には、選挙権と被選挙権が含まれる。

　住民の選挙権に関しては、地方自治法17条〜19条に基本的な規定が置かれ、さらに公職選挙法において詳細に規定されている。

　選挙権については、日本国民たる年齢満18年以上の者で引き続き3か月以上市町村の区域内に住所を有するものは、その属する普通地方公共団体の議会の議員および長の選挙権を有するとされる（18条）。

　議員の被選挙権については、普通地方公共団体の議会の議員の選挙権を有する者で年齢満25年以上のものは、普通地方公共団体の議会の議員の被選挙権を有する（19条1項）。長の被選挙権については、日本国民で年齢満30年以上のものは、都道府県知事の被選挙権を有するとされ（同条2項）、また、日本国民で年齢満25年以上のものは、市町村長の被選挙権を有する（同条3項）。都道府県知事および市町村長の被選挙権については、区域内に一定期間住所を有することは要件とされていない。

　外国人の選挙権については、地方公共団体の議会の議員および長の選挙権を有するものを日本国民たる住民に限るとした地方自治法等の規定が争われた事案（最判平成7・2・28民集49巻2号639頁）において、最高裁は、「憲法93条2項にいう「住民」とは、地方公共団体の区域内に住所を有する日本国民を意味するものと解するのが相当であり、右規定は、我が国に在留する外国人に対して、地方公共団体の長、その議会の議員等の選挙の権利を保障したものということはできない。……我が国に在留する外国人のうちでも永住者等であってその居住する区域の地方公共団体と特段に緊密な関係を持つに至ったと認められるものについて、その意思を日常生活に密接な関連を有する地方公共団体の公共的事務の処理に反映させるべく、法律をもって、地方公共団体の長、その議会の議員等に対する選挙権を付与する措置を講ずることは、憲法上禁止されているものではないと解するのが相当である。しかしながら、右のような措置を講ずるか否かは、専ら国の立法政策にかかわる事柄であって、このような措置を講じないからといって違憲の問題を生ずるものではない」と判示している。

B　直接請求

　地方自治法は、代表民主制を補完し、住民自治の実現を図る制度として、直接民主制的な直接請求を認めている。地方自治特別法の住民投票（261条、憲95条）、住民監査請求・住民訴訟（242条・242条の2）と並ぶ制度となっている。具体的には、①条例の制定改廃請求、②事務の監査請求、③議会の解散請求、④議員等の解職請求である。さらに、市町村合併特例法により、合併協議会の設置請求が認められている。

[1] 条例の制定改廃請求

　地方自治法12条1項は、日本国民たる普通地方公共団体の住民は、その属する普通地方公共団体の条例の制定または改廃を請求する権利を有すると規定し、直接請求の1つである、条例の制定改廃請求を認めている。その具体的な手続等について同法74条～74条の4が規定する。普通地方公共団体の議会の議員および長の選挙権を有する者は、その総数の50分の1以上の者の連署をもって、その代表者から、普通地方公共団体の長に対し、条例（地方税の賦課徴収ならびに分担金、使用料および手数料の徴収に関するものを除く）の制定または改廃の請求をすることができる（74条1項）。ここで、条例の制定改廃請求の対象から「地方税の賦課徴収並びに分担金、使用料及び手数料の徴収に関するもの」が除かれているのは、地方税等の住民の金銭的負担に関するものを請求対象とすると、請求の濫発により地方公共団体の財政的基盤を危うくすることが懸念されたためであるとされる。しかし、この除外規定が地方自治法改正により挿入された昭和23（1948）年当時は、反税闘争が活発化していた特殊な状況下にあったのであり、条例の改廃請求が直接、住民投票で決せられるシステムではない点も鑑みて、現在では、請求対象を限定する必要はないとも言えよう。

　条例の制定改廃請求があったときは、当該普通地方公共団体の長は、直ちに請求の要旨を公表しなければならず（74条2項）、この請求を受理した日から20日以内に議会を招集し、意見を付けてこれを議会に付議し、その結果を請求の代表者に通知するとともに、これを公表しなければならない（同条3項）。

　条例の制定改廃の請求者の代表者は、条例の制定改廃の請求者の署名簿を市町村の選挙管理委員会に提出してこれに署名し印を捺した者が選挙人名簿に登録された者であることの証明を求めなければならない。当該市町村の選挙管理委員会は、その日から20日以内に審査を行い、署名の効力を決定し、その旨を証明しなければならない（74条の2第1項）。署名簿の署名に関し異議があるときは、関係人は、縦覧期間内に当該市町村の選挙管理委員会に申し出ることができる（同条4項）。請求者の署名のうち、①法令の定める成規の手続によらない署名、②何人であるかを確認し難い署名は、無効とされ（74条の3第1項）、また、詐偽、強迫に基づく旨の異議の申出が

あった署名で市町村の選挙管理委員会がその申出を正当であると決定したものも無効とされる（同条2項）。

[2] 事務監査請求

　地方自治法12条2項は、日本国民たる普通地方公共団体の住民は、その属する普通地方公共団体の事務の監査を請求する権利を有すると規定し、事務監査請求を認めている。具体的な手続は、同法75条が規定している。選挙権を有する者は、その総数の50分の1以上の者の連署をもって、その代表者から、普通地方公共団体の監査委員に対し、事務監査請求をすることができる（同条1項）。事務監査請求があったときは、監査委員は、直ちに請求の要旨を公表しなければならない（同条2項）。監査委員は、事務監査請求に係る事項につき監査し、監査の結果に関する報告を決定し、これを事務監査請求の代表者に送付し、かつ、公表するとともに、当該普通地方公共団体の議会および長ならびに関係のある教育委員会、選挙管理委員会、人事委員会もしくは公平委員会、公安委員会、労働委員会、農業委員会その他法律に基づく委員会または委員に提出しなければならない（同条3項）。

　事務監査請求は、地方自治法242条が規定する住民監査請求とは以下の点で異なっている。①事務監査請求の対象が、普通地方公共団体の事務全般にわたるのに対し、住民監査請求の対象は、普通地方公共団体の財務会計上の行為に限定されている（75条1項・242条1項）、②事務監査請求は、住民である有権者の50分の1以上の署名が求められるのに対し、住民監査請求は、住民1人でも行うことができる（75条1項・242条1項）、③住民監査請求には、後続の住民訴訟の手続が用意されているが（242条の2）、事務監査請求にはそのような手続はない、等の点を挙げることができる。

[3] 議会の解散請求

　地方自治法13条1項は、日本国民たる普通地方公共団体の住民は、その属する普通地方公共団体の議会の解散を請求する権利を有すると規定する。具体的な手続等は、地方自治法76条〜79条が規定している。選挙権を有する者は、その総数の3分の1以上の者の連署をもって、その代表者から、普通地方公共団体の選挙管理委員会に対し、当該普通地方公共団体の議会

の解散請求をすることができる（76条1項）。なお、法定署名総数は有権者
の3分の1以上とされ、人口の多い大都市ではその基準を満たすのは難し
い。そこで、有権者の総数が40万を超え80万以下の場合にあってはその
40万を超える数に6分の1を乗じて得た数と40万に3分の1を乗じて得
た数とを合算して得た数、その総数が80万を超える場合にあってはその
80万を超える数に8分の1を乗じて得た数と40万に6分の1を乗じて得
た数と40万に3分の1を乗じて得た数とを合算して得た数、として若干の
緩和が図られている。

　議会の解散請求があったときは、選挙管理委員会は、直ちに請求の要旨
を公表しなければならず（同条2項）、選挙人の投票に付さなければならな
い（同条3項）。解散の投票の結果が判明したとき（確定したときも同様）は、選
挙管理委員会は、直ちにこれを請求の代表者および当該普通地方公共団体
の議会の議長に通知し、かつ、これを公表するとともに、都道府県にあっ
ては都道府県知事に、市町村にあっては市町村長に報告しなければならな
い（77条）。この解散の投票において過半数の同意があったときは、議会は
解散することになる（78条）。

　議会の解散の請求は、その議会の議員の一般選挙のあった日から1年間
および解散の投票のあった日から1年間は、することができない（79条）。

[4] 解職請求

　地方自治法13条2項・3項によれば、日本国民たる普通地方公共団体の
住民は、その属する普通地方公共団体の議会の議員、長、副知事もしくは
副市町村長、指定都市の総合区長、選挙管理委員もしくは監査委員または
公安委員会の委員の解職を請求する権利を有し、教育委員会の教育長また
は委員の解職を請求する権利を有する。議員、長、主要公務員の解職請求
の具体的手続については、地方自治法80条～88条が規定している。

(1) 議員の解職請求

　選挙権を有する者は、所属の選挙区におけるその総数の3分の1以上の
者の連署をもって、その代表者から、普通地方公共団体の選挙管理委員会
に対し、当該選挙区に属する普通地方公共団体の議会の議員の解職の請求
をすることができる。選挙区がないときは、選挙権を有する者の総数の3

分の1以上の者の連署をもって、議員の解職の請求をすることができる（80
条1項）。議員の解職請求の法定署名総数についても、議会の解散請求同様、
大都市における緩和が図られている。

　解職請求があったときは、選挙管理委員会は、直ちに請求の要旨を関係
区域内に公表しなければならず（同条2項）、当該選挙区の選挙人の投票に
付さなければならない。この場合において選挙区がないときは、すべての
選挙人の投票に付さなければならない（同条3項）。

　解職の投票の結果が判明したとき（確定したときも同様）は、選挙管理委員
会は、直ちにこれを解職請求の代表者ならびに当該普通地方公共団体の議
会の関係議員および議長に通知し、かつ、これを公表するとともに、都道
府県にあっては都道府県知事に、市町村にあっては市町村長に報告しなけ
ればならない（82条1項）。普通地方公共団体の議会の議員は、解職の投票
において、過半数の同意があったときは、その職を失う（83条）。

　普通地方公共団体の議会の議員の解職の請求は、原則として、その就職
の日から1年間および解職の投票の日から1年間は、これをすることがで
きない（84条）。

　町議会議員に対する解職請求者署名簿の署名について、解職請求代表者
に農業委員会委員が含まれているとして無効とされた事案（最大判平成21・
11・18民集63巻9号2033頁）において、最高裁は、「地自法は、議員の解職
請求について、解職の請求と解職の投票という二つの段階に区分して規定
しているところ、同法85条1項は、公選法中の普通地方公共団体の選挙に
関する規定（以下「選挙関係規定」という。）を地自法80条3項による解職の
投票に準用する旨定めているのであるから、その準用がされるのも、請求
手続とは区分された投票手続についてであると解される。このことは、そ
の文理からのみでなく、①解職の投票手続が、選挙人による公の投票手続
であるという点において選挙手続と同質性を有しており、公選法中の選挙
関係規定を準用するのにふさわしい実質を備えていること、②他方、請求
手続は、選挙権を有する者の側から当該投票手続を開始させる手続であっ
て、これに相当する制度は公選法中には存在せず、その選挙関係規定を準
用するだけの手続的な類似性ないし同質性があるとはいえないこと、③そ
れゆえ、地自法80条1項及び4項は、請求手続について、公選法中の選挙

関係規定を準用することによってではなく、地自法において独自の定めを
置き又は地自令の定めに委任することによってその具体的内容を定めてい
ることからも、うかがわれるところである。

　したがって、地自法85条1項は、専ら解職の投票に関する規定であり、
これに基づき政令で定めることができるのもその範囲に限られるものであ
って、解職の請求についてまで政令で規定することを許容するものという
ことはできない。」「本件各規定は、地自法85条1項に基づき公選法89条
1項本文を議員の解職請求代表者の資格について準用し、公務員について
解職請求代表者となることを禁止している。これは、……地自法85条1項
に基づく政令の定めとして許される範囲を超えたものであって、その資格
制限が請求手続にまで及ぼされる限りで無効と解するのが相当である」と
判示した。

(2) 長の解職請求

　長に対する解職請求の手続については、議員の解職請求とほぼ同様の規
定となっている。(13条2項・81条・82条2項・83条〜85条)。長の解職投票に
関連して、公職選挙法の買収罪の準用が争われた事案 (最判昭和59・4・20刑
集38巻6号2159頁) がある。

(3) 主要公務員の解職請求

　選挙権を有する者は、議員・長の解職請求と同一の要件の連署をもって、
その代表者から、普通地方公共団体の長に対し、副知事もしくは副市町村
長、指定都市の総合区長、選挙管理委員もしくは監査委員または公安委員
会の委員の解職の請求をすることができる (13条2項・86条1項)。この請求
があったときは、当該普通地方公共団体の長は、直ちに請求の要旨を公表
しなければならず (同条2項)、解職の請求を議会に付議し、その結果を解
職請求の代表者および関係者に通知し、かつ、これを公表しなければなら
ない (同条3項)。解職請求が付議された議会において議員の3分の2以上
の者が出席し、その4分の3以上の者の同意があったときは、副知事等は
その職を失う (87条)。

　副知事もしくは副市町村長または指定都市の総合区長の解職の請求は、
その就職の日から1年間および解職請求に係る議会の議決の日から1年間
は、これをすることができず (88条1項)、選挙管理委員もしくは監査委員

または公安委員会の委員の解職の請求は、その就職の日から6か月間およ
び解職請求に係る議会の議決の日から6か月間は、これをすることができ
ない（同条2項）。

　上述の直接請求の概要については、図5-1に示すとおりである。

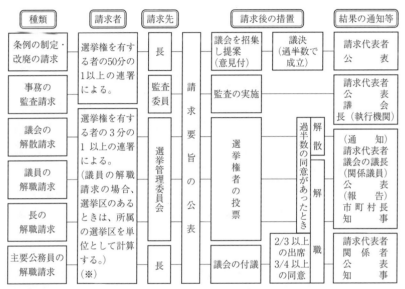

※選挙権を有する者が40万を超え80万以下の場合にあってはその40万を超える数に6分の1
　を乗じて得た数と40万に3分の1を乗じて得た数とを合算して得た数、80万を超える場合に
　あってはその80万を超える数に8分の1を乗じて得た数と40万に6分の1を乗じて得た数
　と40万に3分の1を乗じて得た数とを合算して得た数。

出典）総務省ウェブサイト（www.soumu.go.jp/main_content/000451016.pdf）令和5（2023）年9月28日検
　　　索.

図5-1　直接請求の仕組み

[5]　合併協議会の設置請求

　市町村の合併の特例に関する法律では、合併市町村の円滑な運営の確保
および均衡ある発展を図るための基本的な計画の作成その他市町村の合併
に関する協議を行う合併協議会を置くことが求められている（市町村合併特
3条）。そして、選挙権を有する者は、その総数の50分の1以上の者の連署
をもって、その代表者から、市町村の長に対し、当該市町村が行うべき市
町村の合併の相手方となる市町村（合併対象市町村）の名称を示し、合併協

議会を置くよう請求することができる（市町村合併特4条1項）。

　この請求があったときは、当該請求があった市町村（合併請求市町村）の長は、直ちに、請求の要旨を公表するとともに、合併対象市町村の長に対し、これを通知し、当該請求に基づく合併協議会に係る協議（合併協議会設置協議）について議会に付議するか否かの意見を求めるとともに、合併請求市町村の長は、当該意見を求めた旨を合併請求市町村を包括する都道府県の知事に報告しなければならない（同条2項）。合併対象市町村の長は、この意見を求められた日から90日以内に、合併請求市町村の長に対し、合併協議会設置協議について議会に付議するか否かを回答しなければならない（同条3項）。合併対象市町村の長からのすべての回答が合併協議会設置協議について議会に付議する旨のものであった場合には、合併請求市町村の長と合併対象市町村の長は、60日以内に、それぞれ議会を招集し、合併協議会設置協議について議会に付議しなければならない（同条5項）。合併請求市町村およびすべての合併対象市町村の議会が合併協議会設置協議について可決した場合には、合併協議会設置協議により規約を定め、合併協議会を置くものとされる（同条18項）。

　合併協議会設置協議について、合併請求市町村の議会がこれを否決し、かつ、すべての合併対象市町村の議会がこれを可決した場合には、合併請求市町村の長は、選挙管理委員会に対し、合併協議会設置協議について選挙人の投票に付するよう請求することができ（同条10項）、長の請求がないときは、選挙権を有する者は、その総数の6分の1以上の者の連署をもって、その代表者から、合併請求市町村の選挙管理委員会に対し、合併協議会設置協議について選挙人の投票に付するよう請求することができる（同条11項）。この投票において、合併協議会設置協議について有効投票の総数の過半数の賛成があったときは、合併協議会設置協議について合併請求市町村の議会が可決したものとみなされる（同条17項）。

　また、合併協議会を構成すべき関係市町村（同一請求関係市町村）の選挙権を有する者は、他の同一請求関係市町村の選挙権を有する者が行う合併協議会の設置の請求と同一の内容であることを明らかにして、その総数の50分の1以上の者の連署をもって、その代表者から、同一請求関係市町村の長に対し、当該同一請求関係市町村が行うべき市町村の合併の相手方とな

る他の同一請求関係市町村の名称を示し、合併協議会を置くよう請求することができる（市町村合併特5条1項）。この場合も、議会が否決した市町村においては、上に述べた手続の流れと同様となる。

C　住民投票

　住民投票とは、地方公共団体の意思決定過程において、住民の投票により住民の意思を問うことをいう。直接請求の制度において、議会の解散請求、議員・長の解職請求では、住民投票に付されることになっている。合併協議会の設置においても、住民投票に付される場合があることもすでに見てきたとおりである。

　また地方公共団体のみならず国レベルでは、憲法95条が「一の地方公共団体のみに適用される特別法は、法律の定めるところにより、その地方公共団体の住民の投票においてその過半数の同意を得なければ、国会は、これを制定することができない」と規定するように、地方自治特別法の制定手続においても住民投票によることとなっている。

　上述の場合以外にも、公共施設の建設等、地域にとって重要な課題をめぐり住民の意思を確認するために、住民投票が用いられる場合がある。地方公共団体において住民投票が具体的な制度として現れる際には、住民投票条例という形を採るのが普通である。「窪川町原子力発電所設置についての町民投票に関する条例」に始まり、「巻町における原子力発電所建設についての住民投票に関する条例」等、それぞれ地域の抱える課題に対して住民の意思を問う制度として数多くの条例が全国で制定されている。

　条例に基づく住民投票の結果に法的拘束力を持たせるか否か、外国人や未成年者にも投票権を認めるか等、住民投票の制度設計に当たっては、間接民主制（代表民主制）との関係を念頭に置かなければならないであろう。住民投票をあくまで間接民主制の補完として位置付けるのか、それとも住民投票の直接民主制的側面に独自の意義を見出すのか、地方公共団体の活動に対する住民の関わり方とも密接に関わる問題である。

3 公の施設利用権

A 公の施設の意義

地方自治法10条2項は、住民が、その属する普通地方公共団体の役務の提供をひとしく受ける権利を有することを規定している。この権利の1つに、公の施設の利用権がある。

普通地方公共団体は、住民の福祉を増進する目的をもってその利用に供するための施設（公の施設）を設けるものとされる（244条）。公の施設には、道路、公園、キャンプ場、体育館、図書館、市民会館、学校、病院等が該当する。従来、病院、学校等の施設は、公の目的に供される人的・物的施設の総合体と説明される営造物とされてきたものであるが、営造物概念の不明確さもあり、地方自治法では、「公の施設」という概念を用いている。公の施設は、営造物とは異なり、物的施設を中心とした概念である。また、公の施設には、学校教育法、図書館法など個別の制定法による規律を受けるものもある。

公の施設の設置・管理に関する事項は、法律またはこれに基づく政令に特別の定めがあるものを除くほか、条例で定めなければならない（244条の2第1項）。このように、公の施設の設置・管理については、条例主義が採られている。また、条例で定める重要な公の施設のうち条例で定める特に重要なものについて、これを廃止し、または条例で定める長期かつ独占的な利用をさせようとするときは、議会において出席議員の3分の2以上の者の同意を得なければならない（同条2項）。

普通地方公共団体は、その区域外においても、関係普通地方公共団体との協議により、公の施設を設けることができるし（244条の3第1項）、他の普通地方公共団体との協議により、当該他の普通地方公共団体の公の施設を自己の住民の利用に供させることができる（同条2項）。その際の協議については、関係普通地方公共団体の議会の議決を経なければならない（同条3項）。

B　正当な理由のない利用拒否の禁止・不当な差別的取扱いの禁止

　普通地方公共団体（後述の指定管理者を含む）は、正当な理由がない限り、住民が公の施設を利用することを拒んではならないし（244条2項）、住民が公の施設を利用することについて、不当な差別的取扱いをしてはならない（同条3項）。利用拒否の正当な理由には、公の施設の使用料を支払わない場合、施設の収容人員を超過する場合、他の利用者に著しく迷惑を及ぼす場合等が該当するとされる。

　利用拒否等に関する最高裁判決を見てみよう。公の施設である市民会館の使用許可申請が市条例の定める「公の秩序をみだすおそれがある場合」に当たるとして不許可とされた事案（最判平成7・3・7民集49巻3号687頁）において、最高裁は「本件条例7条1号は、「公の秩序をみだすおそれがある場合」を本件会館の使用を許可してはならない事由として規定しているが、同号は、広義の表現を採っているとはいえ、……本件会館における集会の自由を保障することの重要性よりも、本件会館で集会が開かれることによって、人の生命、身体又は財産が侵害され、公共の安全が損なわれる危険を回避し、防止することの必要性が優越する場合をいうものと限定して解すべきであり、その危険性の程度としては、前記各大法廷判決の趣旨によれば、単に危険な事態を生ずる蓋然性があるというだけでは足りず、明らかな差し迫った危険の発生が具体的に予見されることが必要であると解するのが相当である。」「右事由の存在を肯認することができるのは、そのような事態の発生が許可権者の主観により予測されるだけではなく、客観的な事実に照らして具体的に明らかに予測される場合でなければならないことはいうまでもない。」主催団体は、「本件不許可処分のあった当時、関西新空港の建設に反対して違法な実力行使を繰り返し、対立する他のグループと暴力による抗争を続けてきたという客観的事実からみて、本件集会が本件会館で開かれたならば、本件会館内又はその付近の路上等においてグループ間で暴力の行使を伴う衝突が起こるなどの事態が生じ、その結果、グループの構成員だけでなく、本件会館の職員、通行人、付近住民等の生命、身体又は財産が侵害されるという事態を生ずることが、具体的に明らかに予見されることを理由とするものと認められる」として、本件不許可処分は違法ではないと判示した。

　一方、合同葬に使用するためにされた市福祉会館の使用許可申請に対し
市条例の定める「会館の管理上支障があると認められるとき」に当たると
して不許可とした処分が争われた事案（最判平成 8・3・15 民集 50 巻 3 号 549 頁）
において、最高裁は、「普通地方公共団体の公の施設として、本件会館のよ
うな集会の用に供する施設が設けられている場合、住民等は、その施設の
設置目的に反しない限りその利用を原則的に認められることになるので、
管理者が正当な理由もないのにその利用を拒否するときは、憲法の保障す
る集会の自由の不当な制限につながるおそれがある。……本件条例 6 条 1
項 1 号は、「会館の管理上支障があると認められるとき」を本件会館の使用
を許可しない事由として規定しているが、右規定は、会館の管理上支障が
生ずるとの事態が、許可権者の主観により予測されるだけでなく、客観的
な事実に照らして具体的に明らかに予測される場合に初めて、本件会館の
使用を許可しないことができることを定めたものと解すべきである。」「本
件不許可処分時において、本件合同葬のための本件会館の使用によって、
……「会館の管理上支障がある」との事態が生ずることが、客観的な事実
に照らして具体的に明らかに予測されたものということはできない」とし
て、本件不許可処分を違法なものと判示している。

　また、町営水道事業の水道料金を改定する条例につき住民と別荘所有者
との間に格差を生じるように改定した部分が、住民に準ずる地位にある者
による公の施設の利用についての不当な差別的取扱いに当たるとして争わ
れた事案（最判平成 18・7・14 民集 60 巻 6 号 2369 頁）において、「普通地方公共
団体が設置する公の施設を利用する者の中には、当該普通地方公共団体の
住民ではないが、その区域内に事務所、事業所、家屋敷、寮等を有し、そ
の普通地方公共団体に対し地方税を納付する義務を負う者など住民に準ず
る地位にある者が存在することは当然に想定されるところである。……上
記のような住民に準ずる地位にある者による公の施設の利用関係に地方自
治法 244 条 3 項の規律が及ばないと解するのは相当でなく、これらの者が
公の施設を利用することについて、当該公の施設の性質やこれらの者と当
該普通地方公共団体との結び付きの程度等に照らし合理的な理由なく差別
的取扱いをすることは、同項に違反するものというべきである。……公営
企業として営まれる水道事業において水道使用の対価である水道料金は原

則として当該給水に要する個別原価に基づいて設定されるべきものであり、……本件改正条例における水道料金の設定方法は、……別荘給水契約者と別荘以外の給水契約者との間の基本料金の大きな格差を正当化するに足りる合理性を有するものではない」と判示している。

C　指定管理者制度

　普通地方公共団体は、公の施設の設置の目的を効果的に達成するため必要があると認めるときは、条例の定めるところにより、法人その他の団体であって当該普通地方公共団体が指定するもの（指定管理者）に、当該公の施設の管理を行わせることができる（244条の2第3項）。指定管理者の指定は、期間を定めて行うものとされる（同条5項）。

　指定管理者の活動に対しては、何らかのチェックが必要であり、指定管理者の指定に際しては、当該普通地方公共団体の議会の議決が必要とされる（同条6項）。また、指定管理者は、毎年度終了後、その管理する公の施設の管理の業務に関し事業報告書を作成し、当該公の施設を設置する普通地方公共団体に提出しなければならない（同条7項）。

　佐賀県武雄市が図書館運営を指定管理者制度により、蔦屋書店事業等を展開するカルチュア・コンビニエンス・クラブに行わせる等、全国的に数多くの事例がある。

D　目的外使用許可

　公の施設の利用関係とされるのは、住民の福祉の増進という各施設の設置目的に沿った使用の場合であり、それ以外の使用は、目的外使用とされる（238条の4第7項）。公立学校施設の目的外使用の許否の判断が争われた事案（最判平成18・2・7民集60巻2号401頁）において、最高裁は、「学校施設の目的外使用を許可するか否かは、原則として、管理者の裁量にゆだねられているものと解するのが相当である。……行政財産である学校施設の目的及び用途と目的外使用の目的、態様等との関係に配慮した合理的な裁量判断により使用許可をしないこともできるものである。……管理者の裁量判断は、許可申請に係る使用の日時、場所、目的及び態様、使用者の範囲、使用の必要性の程度、許可をするに当たっての支障又は許可をした場合の

弊害若しくは影響の内容及び程度、代替施設確保の困難性など許可をしないことによる申請者側の不都合又は影響の内容及び程度等の諸般の事情を総合考慮してされるものであり、その裁量権の行使が逸脱濫用に当たるか否かの司法審査においては、その判断が裁量権の行使としてされたことを前提とした上で、その判断要素の選択や判断過程に合理性を欠くところがないかを検討し、その判断が、重要な事実の基礎を欠くか、又は社会通念に照らし著しく妥当性を欠くものと認められる場合に限って、裁量権の逸脱又は濫用として違法となる」と判示している。

E 公の施設利用権に関する処分についての審査請求

公の施設の利用の権利に関する救済の規定として、地方自治法244条の4が置かれている。普通地方公共団体の長以外の機関（指定管理者を含む）がした公の施設を利用する権利に関する処分についての審査請求は、普通地方公共団体の長が当該機関の最上級行政庁でない場合においても、当該普通地方公共団体の長に対してするものとするとされる（同条1項）。

普通地方公共団体の長は、公の施設を利用する権利に関する処分についての審査請求がされた場合には、議会に諮問した上、当該審査請求に対する裁決をしなければならず（同条2項）、議会は、諮問を受けた日から20日以内に意見を述べなければならない（同条3項）。

4 住民の義務

住民は、様々な権利を有する一方、法律の定めるところにより、その属する普通地方公共団体の負担を分任する義務を負う（10条2項）。「負担を分任する」とは、地方公共団体が行う行政活動に必要な経費をその住民が負担を分かち合うことであり、具体的には、地方税（223条）のほか、水道事業・下水道事業などにより特に利益を受ける者から徴収する分担金（224条）、行政財産の使用・公の施設の利用等に対して利用者から徴収する使用料（225条・226条）、普通地方公共団体の事務で特定の者のためにするも

のに対する手数料（227条）などの負担に応じることである。

　また、市町村の区域内に住所を有するわけではないが、土地、家屋等を所有している者も、当該地方公共団体に地方税を納入する等の義務を負うことになる。

　負担の分任に関連して、小田原市、加賀市、新潟市などで見られるように、地方税などの滞納者に対して、地方公共団体が住民に提供する公営住宅の入居等の行政サービスを制限する、いわゆる行政サービス制限条例が制定されてきている。「小田原市市税の滞納に対する特別措置に関する条例」によれば、市税の滞納を放置しておくことが納税義務の履行における市民の公平感を阻害することを考慮し、市税を滞納し、かつ、納税について著しく誠実性を欠く者に対し、納税を促進するための特別措置を講じることにより、市税の徴収に対する市民の信頼を確保することを目的としている（同条例1条）。督促・滞納処分等の手続を経てもなお滞納が解消されない場合には、市長は、小田原市市税滞納審査会への諮問を経た後、当該滞納者に対し、他の法令、条例または規則の定めに基づき行うものを除くほか、市長が必要と認める行政サービスの停止、許認可の拒否等の措置を執ることができる（同条例6条）。

　このような行政サービス制限条例は、住民に対し相応の負担を求め住民間の公平感を図るために制度化されている。しかし、行政サービスの提供を納税等と結びつけて考えることに対しては、憲法の保障する社会権との関係等、様々な議論がなされていることに留意する必要がある。

コラム　　**住民基本台帳ネットワークシステム（住基ネット）**

　住民基本台帳ネットワークシステム（住基ネット）は、住民の利便性の向上と国および地方公共団体の行政の合理化に資するため、居住関係を公証する住民基本台帳をネットワーク化し、全国共通の本人確認ができるシステムのことをいう。平成11（1999）年の住民基本台帳法の改正により地方公共団体共同のシステムとして構築された。住基ネットで保有している情報は、氏名・住所・生年月日・性別の4情報と、個人番号、住民票コードおよびこれらの変更情報である本人確認情報である。住基ネットの構築に

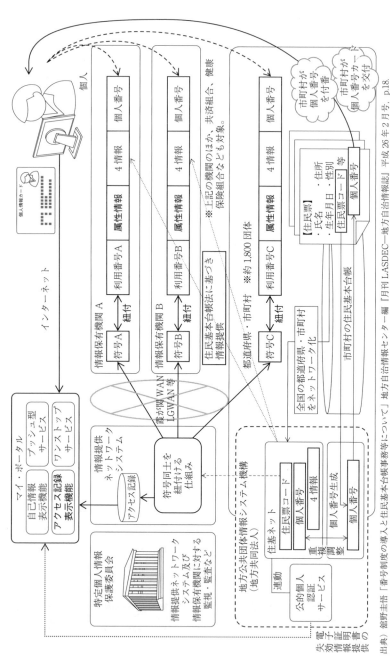

図5-2 マイナンバー制度における住基ネットの位置付け

出典）舘野圭悟「番号制度の導入と住民基本台帳事務等について」地方自治情報センター編『月刊 LASDEC＝地方自治情報誌』平成26年2月号，p.18.

より、全国的に市町村の区域を越えた本人確認が可能となった。

　平成 25 (2013) 年に「番号法」あるいは「マイナンバー法」と略称される「行政手続における特定の個人を識別するための番号の利用等に関する法律」が成立したことに伴い、個人に個人番号が付番されたが、その個人番号は、住基ネットで使用する住民票コードを変換して生成される。住基ネットが番号制度の基盤となっていると言われる所以である（図 5-2）。

　住基カードは、インターネット等を通じた各種行政手続の電子申請を可能とし、住民の利便性の向上、行政事務の効率化に役立つことが期待された。しかし、平成 28 (2016) 年 1 月からマイナンバーカードが発行開始されたことに伴い、住基カードの発行は平成 27 (2015) 年 12 月で終了している。

　住基ネットの個人情報保護の問題をめぐり、多くの訴訟が提起されてきた。行政機関が住基ネットにより住民の本人確認情報を収集、管理または利用する行為が争われた事案では、「行政機関が住基ネットにより住民である被上告人らの本人確認情報を管理、利用等する行為は、個人に関する情報をみだりに第三者に開示又は公表するものということはできず、当該個人がこれに同意していないとしても、憲法 13 条により保障された……自由を侵害するものではないと解するのが相当である。……住基ネットにより被上告人らの本人確認情報が管理、利用等されることによって、自己のプライバシーに関わる情報の取扱いについて自己決定する権利ないし利益が違法に侵害されたとする被上告人らの主張にも理由がないものというべきである」と判示している（最判平成 20・3・6 民集 62 巻 3 号 665 頁）。

知識を確認しよう

【問題】

(1) 地方自治法上の「住民」の定義を明らかにした上で、いかなる者が住民には含まれるのか説明しなさい。

(2) 直接請求における各制度を説明しなさい。

(3) いわゆる行政サービス制限条例について説明しなさい。

【指針】

(1) 地方自治法の該当条文を確認し、自然人（日本国民・外国人）、法人が含まれるのか考えてみよう。

(2) 条例の制定改廃請求等の直接請求における各請求を提起するための要件を中心に考えてみよう。

(3) 実際の行政サービス制限条例をいくつか検討してみて、制定される背景および問題点を考えてみよう。

第 6 章

住民監査請求・住民訴訟

本章のポイント

1. 住民監査請求・住民訴訟は、地方公共団体の長や職員等の違法・不当な財務会計上の行為または怠る事実について、その予防・是正等を目的とし、住民全体の利益を保護するための制度である。住民にとって重要な制度として活用されている。

2. 住民監査請求は、住民が地方公共団体の違法・不当な財務会計上の行為等について、監査委員に対して監査を求め、必要な措置をとるように請求する制度である。地方公共団体の住民であれば、誰でも行うことができる。

3. 住民訴訟は、住民監査請求を行った住民が監査の結果等に不服がある場合に、訴訟を提起することができる制度である。住民訴訟は、裁判所での審査を通じて、直接に地方公共団体の行財政を監視し、その適正な運営を確保するためのものである。これまで多数の住民訴訟判決が下されている。

1 総説

　地方自治法においては、地方公共団体の誤った財産管理を矯正するための重要な制度として、「住民監査請求」（242条）および「住民訴訟」（242条の2・242条の3）が規定されている。住民監査請求は、地方公共団体の住民が当該地方公共団体の違法・不当な財務会計上の行為等について、まず監査委員に対して当該行為の防止・是正、および当該行為による損害の補填のために必要な措置をとるように請求する制度である。

　さらに、住民訴訟は、当該住民監査請求を行った住民が、監査の結果等について不服がある場合に、裁判所に対して当該行為の差止めや無効確認などを求める制度である。住民訴訟は、地方自治の本旨に基づく住民参政の一環として、裁判所に請求する権能を与えることで、地方財務行政の適正な運営を確保することを目的としたものであり、「地方公共団体の構成員である住民全体の利益を保障するために法律によつて特別に認められた参政権の一種であり、その訴訟の原告は、……住民全体の利益のために、いわば公益の代表者として地方財務行政の適正化を主張するもの」とされる（最判昭和53・3・30民集32巻2号485頁）。

　このように、住民監査請求・住民訴訟は、住民自治の理念に基づき、住民による監査請求と訴訟により、地方公共団体の財務事務の適正な執行を民主的かつ実効的に確保し、地方公共団体の利益を保護する仕組みである。これは、昭和23（1948）年の地方自治法改正により、アメリカの諸州で広く行われている「納税者訴訟」（taxpayers' suits or actions）をモデルとして導入されたものである。その後、数回の改正を経て、現在に至っている。

　住民監査請求・住民訴訟については、住民の関心も高く、その利用件数も増加する傾向にあり、住民自治を実現する具体的手段として重要な意義を有している。

2 住民監査請求

A 意義

　住民監査請求は、住民による財政上の統制を目的とする制度である。地方公共団体の住民は、当該地方公共団体の執行機関や職員の違法・不当な財務会計上の行為（公金の支出、財産の取得・管理・処分、契約の締結・履行、債務その他の義務の負担）または違法・不当な怠る事実（公金の賦課・徴収、財産の管理）があると認めるときは、これらを証する書面を添えて監査委員に対して監査を求め、当該行為の防止・是正、怠る事実を改めること、または当該行為ないし怠る事実によって地方公共団体が被った損害の補塡のための措置を講ずることを請求することができる（242条1項）。

　住民監査請求制度の趣旨は、住民訴訟の前置手続として、まず監査委員に対して住民の請求に係る財務会計上の行為または怠る事実について監査の機会を与え、当該行為または怠る事実の違法・不当を当該地方公共団体の自治的・内部的処理によって、予防・是正させることを目的とするものである（最判昭和62・2・20民集41巻1号122頁、最判平成10・12・18民集52巻9号2039頁）。

　住民監査請求では、地方公共団体の職員の違法な財務会計行為や怠る事実のみならず、不当な場合も対象とし、違法・不当な行為の是正だけでなく、広く必要な措置を請求することができる。さらには費用もかからない簡易・迅速処理が期待できる点で、有効な「住民の参政措置の一環」（最判昭和38・3・12民集17巻2号318頁）といわれる。住民監査請求は、住民訴訟の前提でもあるが、それ自体、地方公共団体内部における違法・不当な行為等を防止・是正する制度として、独自の大きな意義を有するものである。

B 特質

　住民監査請求に類似した制度として、住民による直接請求制度の1つとしての事務監査請求（12条2項・75条）がある。住民監査請求と事務監査請求は、いずれも監査委員に対して監査を請求する制度であり、ともに住民の直接参政の手段として位置付けられるが、次のような点で異なっている。

第1に、事務監査請求は選挙権を有する者の50分の1以上の連署をもって行うが、住民監査請求は住民であれば誰でも、住民1人でも行うことができる。

第2に、事務監査請求の監査対象は、地方公共団体の事務全般の違法・不当の是正に広く及ぶが、住民監査請求の対象は、地方公共団体の執行機関や職員による財務会計行為または怠る事実の違法・不当の是正に限定されている。

第3に、事務監査請求の結果は公表されるが、監査請求者がその結果に不服があっても、それ以上の措置をとることができないのに対して、住民監査請求の場合には、監査の結果等に不服があれば、さらに当該住民監査請求人は裁判所に対して住民訴訟を提起することができる。

C 要件

住民監査請求については、以下のような要件が定められている。これらの要件に違反する住民監査請求があった場合には、補正できるもの（例えば、様式に反する書面による請求の場合）については補正させ、補正に応じないときおよび補正ができないとき（例えば、当該地方公共団体の住民でない者による請求の場合や、正当な理由がなく住民監査請求期間を徒過した請求の場合等）には、当該請求は却下される。

[1] 請求権者

住民監査請求を行うことができる者は、当該地方公共団体の住民である。ここでいう「住民」とは、地方自治法10条1項でいう「住民」（「市町村の区域内に住所を有する者」）であり、日本国籍は前提とせず、また有権者でなくてもよい。住民監査請求は住民1人でも、共同でも行うことが可能で、当該地方公共団体の住民であれば、年齢や国籍も問われず、未成年者や外国人、株式会社などの法人も行うことができる。納税義務を有する者でなくても請求が可能である。

なお、住民監査請求の審査中に転居等で当該住民でなくなった場合や死亡した場合には、住民監査請求は却下される（最判昭和55・2・22判時962号50頁）。

[2] 証する書面（事実証明書）

　住民が監査委員に住民監査請求を行うにあたっては、違法・不当な財務会計上の行為につき、「これらを証する書面」（事実証明書）を添えることが必要とされる（242条1項）。事実証明書の添付が求められている趣旨は、事実に基づかない単なる憶測や主観だけで監査を請求することの弊害を防止し、また、監査委員の監査の指針ともなる資料を提供することにある。

　その際に、どの程度の記載が要求されるのかが問題となる。この点について、判例では、緩やかに解しており、監査を求めている根拠として一定の事実があることを示す書面であれば足りるとし、監査請求人が他人から聞いたことを書面に作成したものや新聞記事の切り抜きなどを書面にしたものでもよいとされる（大阪高判昭和63・8・23判時1306号44頁）。

[3] 請求の対象

　住民監査請求の対象となるのは、①公金の支出、②財産の取得・管理・処分、③契約の締結・履行、④債務その他の義務の負担、および、⑤公金の賦課・徴収を怠る事実、⑥財産の管理を怠る事実である。一般に、①〜④は財務会計上の行為（財務会計行為）、⑤と⑥は怠る事実（財務会計上の不作為）と呼ばれる。

　①〜④の行為類型は、代表的な財務会計行為を列挙したものであって、一定の財務会計行政過程ではこれらが重複して現れることも多い。ここにいう「財産」とは、地方自治法237条1項の「財産」の意味であって、公有財産、物品、債権、基金をいう。財産の管理とは、その財産的価値の維持や保持を直接の目的とする行為であり、財産の処分とは、交換、売却、公有地の無償・不適正対価による譲渡、無償貸付けなどをいう。①〜④までの違法・不当な行為は、すでになされた行為だけでなく、当該行為がなされることが相当の確実さをもって予測される場合も含むとされる。

　財務会計上の行為は、最終的に公金の支出の形をとることが少なくないため、公金の支出を争う住民監査請求・住民訴訟の数が多い。例えば、都の特別区の区長に対する管理職手当の支給（最判昭和50・10・2判時795号33頁）、昼窓手当の支給（最判平成7・4・17民集49巻4号1119頁）、外部団体へ派遣された職員に対する給与支給（最判平成10・4・24判時1640号115頁）のほか、

接待費、交際費、政務活動費、弁護士費用、補償金、補助金、貸付金など
が争われている。

⑤と⑥の怠る事実は、財務会計上の不作為を指す。例えば、⑤は、水道
料金の徴収や固定資産税の賦課徴収を怠っていることが違法・不当である
として争われる場合であり、⑥は、公有地の不法占拠を放置していること
が違法・不当な財産の管理を怠る行為として争われる場合などである。

ここでいう「違法」とは、客観的な法令違反を意味し、「不当」とは、法
令違反ではないが、制度の目的からみて適当でないことを意味する。つま
り、不当な行為とは、結果として実質的に妥当性を欠く行為、不適切な行
為、政策的にみて妥当でない行為のことである。住民監査請求に基づく監
査は、地方公共団体の内部機関である監査委員が行うものであるから、違
法の行為だけでなく、不当な行為も請求の対象となる。

住民監査請求において、住民は、監査委員に対し、①当該違法・不当な
行為を防止するために必要な措置、②当該違法・不当な行為を是正するた
めに必要な措置、③当該違法・不当な怠る事実を改めるために必要な措置、
④当該違法・不当な行為または怠る事実によって地方公共団体の被った損
害を補填するために必要な措置をとるように請求することができる。

[4] 請求対象の特定性の程度

住民監査請求においては、その対象となる行為をどの程度特定しなけれ
ばならないのかが問題となる。この特定性の問題について、最高裁は、住
民監査請求においては、対象とする当該行為等を監査委員が行うべき監査
の端緒を与える程度に特定すれば足りるというものではなく、当該行為を
他の事項から区別して特定認識できるように個別具体的に摘示することが
必要であるとの判断基準を示した（最判平成2・6・5民集44巻4号719頁）。こ
の判断基準によれば、個々の支出について日時、支出金額、支出先等が明
らかにされていなければならず、厳格な請求対象の特定性が求められるこ
とになる。同判決において、園部逸夫裁判官は反対意見を述べ、住民監査
請求の対象は監査の端緒となりうる程度の特定性であればよいとする「監
査の端緒説」を主張し、学説上多くの支持を得た。

その後、最高裁も、個々の支出について金額や支出先等が個別具体的に

摘示されていなくとも、住民監査請求書およびこれに添付された事実を証する書面の各記載内容、住民監査請求人が提出したその他の資料等を総合して、監査委員が監査請求の対象を特定して認識することができる程度に摘示されていればよいとの判断を示し、厳格な請求対象の特定性を求めなくなっている（最判平成16・11・25民集58巻8号2297頁、最判平成16・12・7判時1886号36頁、最判平成18・4・25民集60巻4号1841頁）。

[5] 請求期間の制限

　住民監査請求は、正当な理由がある場合を除いて、当該行為のあった日または終わった日から1年以内に行わなければならない（242条2項）。住民監査請求に1年の期間制限を設けた理由は、当該行為がたとえ違法・不当なものであっても、いつまでも住民監査請求の対象となりえることになれば、法的安定性が損なわれてしまうためである（最判昭和63・4・22判時1280号63頁）。

(1) 起算日

　住民監査請求期間（1年）の起算日は、「当該行為のあつた日」または「終わつた日」とされる。「当該行為のあつた日」とは、公金支出、財産の取得・処分、契約の締結などの一時的な行為のあった日をいう。例えば、公金の支出を構成する支出負担行為、支出命令および具体的な支出については、住民監査請求期間は、それぞれの行為があった日から各別に計算される（最判平成14・7・16民集56巻6号1339頁）。

　また、当該行為の「終わつた日」とは、継続的な行為について、その行為が終わった日を意味する。例えば、財産の貸付については、その貸付期間の満了した日または貸付契約の解除された日を指す。

(2) 正当な理由

　地方自治法242条2項ただし書においては、「ただし、正当な理由があるときは、この限りでない」と定め、「正当な理由」があれば、1年を経過した後であっても、住民監査請求を行うことができるとする。どのような場合に、「正当な理由」があるのかという問題について、最高裁は、特段の事情のない限り、①住民が相当の注意力を持って調査したときに客観的にみて当該行為を知ることができたかどうか、また、②当該行為を知ることが

できたと解される時から相当な期間内に監査請求をしたかどうかによって
判断すべきであるとの一般的判断基準を示した（最判昭和63・4・22判時1280
号63頁）。これ以降、この判断基準が判例上踏襲されている（最判平成14・9・
12民集56巻7号1481頁、最判平成20・3・17判時2004号59頁）。

　この判断基準は、当該行為が秘密裡になされた場合に限らず、住民が相
当の注意力をもって調査を尽くしても客観的にみて監査請求をするに足り
る程度に当該行為の存在・内容を知ることができなかった場合にも同様で
ある。②について、住民監査請求は、新聞報道、議会での質問、情報公開
などを通じて当該行為が判明したときから「相当な期間内」に行わなけれ
ばならならず、その期間は60日程度であると解されている。

(3) 怠る事実と請求期間

　怠る事実に係る住民監査請求について監査請求期間制限を定めた規定
（242条2項）の適用があるかどうかかの問題がある。住民監査請求には1年
の請求期間制限が規定されているが、一般に、怠る事実に係る住民監査請
求については、この期間制限規定の適用はないと解するのが通説・判例
（最判昭和53・6・23判時897号54頁）である。したがって、住民は、違法・不
当な怠る事実が存する限り、いつでも住民監査請求を行うことができる。

　しかし、怠る事実に係る住民監査請求に対して請求期間の制限がないと
いう原則を貫くことが、適当でない場合もある。例えば、違法・不当な行
為について、その結果による損害の賠償請求を地方公共団体の執行機関・
職員が怠っているとして、怠る事実に係る住民監査請求の形式をとりさえ
すれば、請求期間制限を免れ、いつまでもその補填を求める住民監査請求
が認められることになるので、期間制限を定めた本規定の趣旨を没却する
ことになる。

　この問題について、最高裁は、財務会計上の行為が違法・無効であるこ
とに基づいて発生する実体法上の請求権の行使を怠る事実に係る住民監査
請求については、当該行為を対象とする監査を求める趣旨を含むものとみ
ざるを得ないので、当該行為のあった日または終わった日を基準として地
方自治法242条2項を適用すべきであると判示する（最判昭和62・2・20民集
41巻1号122頁、最判平成14・7・2民集56巻6号1049頁）。

コラム　「真正怠る事実」と「不真正怠る事実」

　怠る事実に係る住民監査請求に関しては、1年の請求期間制限の規定（242条2項）が及ばない「怠る事実」と、期間制限の規定が及ぶ「怠る事実」とがある。学説・判例は、これを「真正怠る事実」と「不真正怠る事実」として区別する。「真正怠る事実」には期間制限の規定が適用されないものとし、「不真正怠る事実」には期間制限規定が適用されるものとする。

　最高裁判例によると、怠る事実を対象としてなされた監査請求であっても、特定の財務会計上の行為が財務会計法規に違反して違法であるか、またはこれが違法であって無効であるからこそ発生する実体法上の請求権の行使を怠る事実を対象とするものである場合には、当該行為が違法とされて初めて当該請求権が発生するのであるから、監査委員は当該行為が違法であるか否かを判断しなければ当該怠る事実の監査を遂げることができないという関係にあり、これを客観的、実質的にみれば、当該行為を対象とする監査を求める趣旨を含むものとみざるを得ない場合には、「不真正怠る事実」であり、当該行為のあった日または終わった日を基準として期間制限の規定が適用される。他方、当該行為が財務会計法規に違反し違法であるか否かの判断をしなければならない関係にない場合には、当該怠る事実を対象としてなされた監査請求は、「真正怠る事実」であり、期間制限の規定は適用されないとする（最判平成14・7・2民集56巻6号1049頁、最判平成14・10・3民集56巻8号1611頁）。

D　監査手続

　住民監査請求がなされたときは、監査委員が行うべき対応として、監査委員は、60日以内に監査を行い、請求に理由がないときは、書面でその旨を請求人に通知し、公表する必要がある。請求に理由があるときは、議会、長その他の執行機関または職員に対し必要な措置をとるべき旨を勧告し、その内容を請求人に通知し、公表しなければならない（242条3項〜6項）。

　監査委員は、住民監査請求があった場合、請求人資格や請求期間制限などの形式的な審査の後に、本案審査に入り、当該行為または怠る事実の違

法性・不当性を審査することとなる。その際、監査委員は、請求人に証拠の提出や陳述の機会を与えなければならない（242条7項）。

審査の結果、監査委員が当該請求に理由がないと判断した場合には、理由を付して、その旨を請求人に通知し、これを公表し、他方、監査委員が、当該請求に理由があると判断した場合には、当該地方公共団体の議会、長、その他の執行機関・職員に対し期間を示して必要な措置を講ずべきことを勧告し、当該勧告内容を請求人に通知し、これを公表しなければならない（242条5項）。監査委員の監査および勧告は、住民監査請求があった日から60日以内に行わなければならない（242条6項）。

監査委員は、住民監査請求があった場合において、当該行為が違法であると思料するに足りる相当な理由があり、当該行為により普通地方公共団体に生ずる回復困難な損害を避けるために緊急の必要があり、かつ当該行為を停止することによって人の生命・身体に対する重大な危害の発生の防止その他公共の福祉を著しく阻害するおそれがないと認めるときは、当該普通地方公共団体の長その他の執行機関・職員に対し、理由を付して、監査の手続が終了するまでの間、当該行為を停止すべきことを勧告することができる（242条4項）。

3 住民訴訟

A 意義

住民訴訟は、住民監査請求を行った住民が、地方公共団体の違法な財務会計行為の是正や損害の回復等を求めて、裁判所に対して出訴する制度である（242条の2）。住民は、違法な財務会計上の行為があったと考える場合に、まず住民監査請求を行い、それでも是正されないときは住民訴訟を提起し、司法審査により違法な財務会計行為の防止・是正を求めることができる。住民訴訟の制度的意義については、次のような点が挙げられる。

第1は、地方公共団体の財務会計行政の適法性を確保することにある。すなわち、住民訴訟は、客観的法秩序の適正を確保することを目的として

法律で特別に定められた訴訟である。原告となる住民は、自己の権利・利益の回復を求めて訴訟を提起するのではなく、地方公共団体の財務会計行政の適法化を求めて訴訟を提起する。住民訴訟は、行政事件訴訟法における民衆訴訟（行訴 5 条）の一種とされる。

　第 2 は、地方公共団体の財産上の損失を防止することにある。判例においては、住民訴訟を提起するためには、地方公共団体に損害が発生していなければならず、地方公共団体に損害が発生しない場合には住民訴訟は許されないとする（最判昭和 48・11・27 民集 110 号 545 頁、最判昭和 55・2・22 判時 962 号 50 頁、最判平成 23・1・14 判時 2106 号 33 頁）。

　第 3 は、住民参加を促進することにある。住民訴訟は、住民が訴訟を提起することにより、地方公共団体の財産の損失を防止し、適法な財務会計行政を実現させる制度であって、広義の住民参加制度の一種とされる。この点について、最高裁は、住民訴訟の参政権的側面を強調して、住民の有する訴訟提起権は、「地方公共団体の構成員である住民全体の利益を保障するために法律によつて特別に認められた参政権の一種であり、その訴訟の原告は、自己の個人的利益のためや地方公共団体そのものの利益のためにではなく、専ら原告を含む住民全体の利益のために、いわば公益の代表者として地方財務行政の適正化を主張するものである」と判示する（最判昭和 53・3・30 民集 32 巻 2 号 485 頁）。

B　住民訴訟提起の要件

[1]　住民監査請求前置主義

　住民が住民訴訟を提起するためには、その前に住民監査請求を行わなければならない。これを「住民監査請求前置主義」という。これは、地方自治法 242 条の 2 第 1 項で、「前条第 1 項の規定による請求をした場合」に住民訴訟を提起できると定めていることによるものである。住民監査請求前置主義の趣旨は、地方公共団体の内部に監査委員が置かれている以上、まず監査委員に監査の機会を与え、地方公共団体内部での自主的な解決を図ることが地方自治の本旨からも望ましく、また裁判所の負担軽減にもつながるためである。

　住民訴訟において、住民は、住民監査請求を経た後で、さらに①監査委

員の勧告に基づいて長等が講じた措置に不服があるとき、②監査委員が監査・勧告を60日以内に行わないとき、③監査委員の勧告に基づいた必要な措置を長等が講じないときに、訴訟を提起することができる。

　住民監査請求前置については、適法な住民監査請求が監査委員により不適法として却下された場合には、当該請求を行った住民は、適法な住民監査請求を経たものとして、住民訴訟を提起することもできるし、再度の住民監査請求を行うこともできる（最判平成10・12・18民集52巻9号2039頁）。また、住民監査請求と住民訴訟との請求対象の同一性の問題については、比較的緩やかに解されている。最高裁判例においては、当該財務会計上の行為または怠る事実について住民監査請求を経ていると認められる限り、住民監査請求において求められた具体的措置の相手方とは異なる者を相手方として同措置の内容と異なる請求をすることも、許されるとする（最判平成10・7・3判時1652号65頁）。

[2] 出訴権者

　住民訴訟を提起することができる資格を有する者（出訴権者）は、当該地方公共団体の住民で、住民監査請求を行った者に限られる。住民の範囲については、住民監査請求における住民と同様である。

　住民訴訟の出訴権に関しては、死亡あるいは転居等により、原告が住民としての資格を喪失した場合の取扱いが問題となる。判例では、住民訴訟を提起する権利は、特に法によって与えられた公法上の権利であり、一身専属的なもので、相続やその他の事由による承継は許されないため、何人もその訴訟を承継することができず、訴訟は終了することとなる（最判昭和55・2・22判時962号50頁、最判昭和57・7・13民集36巻6号970頁）。

　なお、住民訴訟は、当該地方公共団体の事務所の所在地を管轄する地方裁判所の管轄に専属する（242条の2第5項）。

[3] 出訴期間

　住民は、①当該監査の結果または当該勧告の内容の通知があった日から30日以内に、②監査結果を受けて講じられた措置に不服がある場合は、当該措置に係る監査委員の通知があった日から30日以内に、③監査委員が請

求をした日から60日を経過しても監査・勧告を行わない場合は、当該60日を経過した日から30日以内に、④勧告を受けても措置が講じられない場合は、当該勧告に示された期間を経過した日から30日以内に、住民訴訟を提起しなければならない（242条の2第2項1号〜4号）。この出訴期間に関する規定の趣旨は、住民監査請求の対象となる財務会計行為または怠る事実について、いつまでも争える状態にしておくことは、法的安定性の見地から好ましくないので、これを早期に確定させようとするためである。

[4]　別訴の禁止

　住民訴訟は、住民であれば誰でも訴訟を提起することができるため、同一の財務会計行為または怠る事実に関して争う住民訴訟が重複して提起される可能性がある。しかし、その都度に裁判所がそれを審査するならば、訴訟経済を損ない、濫訴の弊害を招きかねない。そこで、住民訴訟が係属しているときは、「当該普通地方公共団体の他の住民は、別訴をもつて同一の請求をすることができない」（242条の2第4項）と定められている。

C　対象

　住民訴訟の対象は、住民監査請求の対象と同様に、違法な財務会計上の行為および怠る事実である。すなわち、①公金の支出、②財産の取得・管理・処分、③契約の締結・履行、④債務その他の義務の負担、⑤公金の賦課・徴収、⑥財産の管理を怠る事実が住民訴訟の対象となる。

　ただし、住民訴訟の場合、住民監査請求とは異なり、不当な財務会計行為や怠る事実については対象とならない。裁判所は、あくまで法を解釈・適用する機関であって、当該行為の違法性のみが審理の対象であり、政策的な妥当性の判断はその権限外だからである。

　また、先行する一般の行為が違法である場合にそれを前提としてなされた財務会計行為の違法性に関し、最高裁は、東京都教育委員会が勧奨退職に応じた公立学校の教頭職にある者に対して、1日だけ校長に任命し昇格・昇給させたうえ、退職承認処分をし、これを受けて、都知事が退職手当の支出決定をした事件（1日校長事件）について、当該職員の責任が問えるのは、先行する原因行為に違法があっても、原因行為を前提として行われた

当該職員の行為自体が財務会計法規上の義務に違反する違法な場合に限られるとしたうえで、長から独立した教育委員会が行った人事処分につき、長は当該処分が著しく合理性を欠き、予算執行の適正確保の見地から看過し得ない瑕疵がない限り、当該処分を尊重しその内容に応じた措置をとるべき義務があると判示した（最判平成4・12・15民集46巻9号2753頁）。

D　住民訴訟の類型

住民訴訟は、①地方公共団体の執行機関・職員に対する当該行為の全部・一部の差止めの請求（1号訴訟）、②行政処分たる当該行為の取消または無効確認の請求（2号訴訟）、③当該執行機関・職員に対する当該怠る事実の違法確認の請求（3号訴訟）、④当該職員または当該行為もしくは怠る事実に係る相手方に損害賠償・不当利得返還の請求をすることを当該地方公共団体の執行機関・職員に対して求める請求（4号訴訟）の4類型が規定されている（242条の2第1項1号〜4号）。これらのうち、最も活用されているのは、4号訴訟である。

[1]　1号訴訟

地方自治法242条の2第1項1号に基づく差止請求訴訟（1号訴訟）は、地方公共団体の執行機関・職員による財務会計上の違法な行為を予防するため、一定の要件の下に、住民に対し当該行為の全部・一部の事前の差止めを裁判所に請求する権能を与え、もって地方財務行政の適正な運営を確保することを目的としたものである（最判平成5・9・7民集47巻7号4755頁）。1号訴訟は、住民に、当該執行機関・職員の違法な行為に対する差止請求権を認めたものであるが、「当該行為を差し止めることによつて人の生命又は身体に対する重大な危害の発生の防止その他公共の福祉を著しく阻害するおそれがあるときは、することができない」（242条の2第6項）。

1号訴訟では、差止請求の対象行為の特定性が問題となるが、最高裁は、「複数の行為を包括的にとらえて差止請求の対象とする場合、その一つ一つの行為を他の行為と区別して特定し認識することができるように個別、具体的に摘示することまでが常に必要とされるものではない」と判示し、全体として一体とみてその適否を判断することが可能であることを認めて

いる（最判平成 5・9・7 民集 47 巻 7 号 4755 頁）。

[2] 2 号訴訟

　2 号訴訟は、財務会計上の行為である行政処分の取消訴訟または無効確認訴訟である。2 号訴訟は、取消または無効確認を求めることができる行為を「行政処分たる当該行為」に限定しており、当該財務会計上の行為は行政処分としての性格を有するものでなければならない。2 号請求においては、その対象とされた「行政処分」が存在することが訴えの適法要件をなし、同処分が存在しない場合には、訴えは不適法なものとして却下される（最判昭和 50・5・27 判時 780 号 36 頁）。住民訴訟の対象となる財務会計行為は事実行為や非権力的行為が多いため、対象となる財務会計行為が「行政処分」である 2 号訴訟はあまり活用されていない。これまでの裁判例では、行政財産の目的外使用許可処分や補助金決定などが 2 号訴訟の対象とされている（浦和地判昭和 61・3・31 判時 1201 号 72 頁）。

[3] 3 号訴訟

　3 号訴訟は、怠る事実が違法であることの確認を求める訴えである。ここにいう「怠る事実」とは、公金の賦課・徴収を怠る事実と財産の管理を怠る事実である。具体例としては、税金や公共料金の徴収を怠ることや公有地の不法占拠の放置などが挙げられる。判例では、民法 709 条に基づく損害賠償請求権の不行使も財産の管理を怠る事実になると解されている（東京地判平成 18・4・28 判時 1944 号 86 頁）。公法上の行為にとどまらず、私法上の行為や事実行為についても訴えることが可能である。3 号訴訟の被告となるのは、現に当該怠る事実に係る権限を有している者に限られる（東京地判平成 12・8・29 判時 1733 号 33 頁）。

[4] 4 号訴訟

　現行の 4 号訴訟の規定は、平成 14（2002）年の地方自治法改正により、住民（原告）が地方公共団体に代位して当該職員または当該行為もしくは怠る事実に係る相手方に損害賠償・不当利得返還の請求をする代位請求訴訟から、執行機関を被告として当該職員または当該行為もしくは怠る事実に係

1. 長（現職）の場合

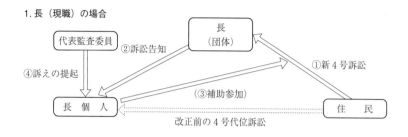

2. 職員等の場合

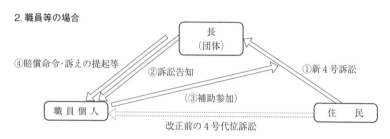

出典）総務省ウェブサイト「住民監査請求・住民訴訟制度について」
http://www. soumu. go. jp/main_content/000071219. pdf

図6-1　現行の4号訴訟（新4号訴訟）

る相手方に損害賠償等の請求を行うことを求める義務付け訴訟となった。すなわち、4号訴訟では、「当該職員又は当該行為若しくは怠る事実に係る相手方に損害賠償または不当利得の返還を請求することを当該地方公共団体の執行機関又は職員に対して求める訴訟」に再構成され、①住民が、当該地方公共団体の執行機関など損害賠償等の請求や賠償命令を行う権限を有する者を被告とし、当該職員等に対し損害賠償等を請求することまたは賠償命令をすることを求める訴訟（242条の2第1項4号、第1段目の訴訟）と、さらに、②その認容判決確定の後、損害賠償金等が任意に支払われない場合には、当該地方公共団体が当該職員等に対して、請求に係る損害賠償等を求める訴訟（同242条の3第2項、第2段目の訴訟）の2段階に構成された（**図6-1**）。

　本改正の趣旨は、訴訟類型を地方公共団体が長や職員等に対して有する損害賠償請求権や不当利得返還請求権に関して地方公共団体が適切な対応を行っていないと構成することにより、機関としての長等を住民訴訟の被告とし、敗訴した場合には、当該執行機関としての長等が個人としての

長・職員等の責任を追及する。このような制度改正により、地方公共団体が有する証拠や資料の活用が容易になり、審理の充実や真実の追究にも資することになるためとされる（第26次地方制度調査会答申〔平成12（2000）年〕）。

本改正の背景について、旧4号訴訟（改正以前のもの）では、職員の個人責任を追及する形をとりながらも、実質的には当該地方公共団体の財務的な政策判断や意思決定の当否が争われているという実情があったことや、長や職員は個人として被告となり、裁判に伴う各種負担を自ら担わざるを得ないことから、長や職員が政策判断に対して過度に慎重になったり、公務能率の低下などの弊害が指摘されていた。

4号訴訟は、住民が地方公共団体の長・職員を被告として、「当該職員」あるいは「相手方」に対して損害賠償請求・不当利得返還請求をすることを求める訴えである。「当該職員」とは、違法な当該行為または怠る事実によって地方公共団体に損害を与えている者を指し、「当該訴訟においてその適否が問題とされている財務会計上の行為を行う権限を法令上本来的に有するものとされている者及びこれらの者から権限の委任を受けるなどして右権限を有するに至つた者」を意味する（最判昭和62・4・10民集41巻3号239頁）。公金の支出について長から権限の委任を受けた者も、広く「当該職員」に含まれる。「相手方」とは、違法な行為等によって利益を得ている者などを指し、転得者などの第三者も含まれる。

さらに、地方自治法242条の3は、4号訴訟における住民勝訴判決後の手続について規定する。すなわち、4号訴訟で住民勝訴の判決が確定した場合において、敗訴した地方公共団体の長は、当該判決が確定した日から60日以内に請求に係る損害賠償金・不当利得返還金の支払いを当該職員や相手方に請求しなければならない（242条の3第1項）。それにもかかわらず、支払いがなされない場合には、当該地方公共団体は、改めて当該職員ないし相手方に対して、損害賠償等を求める訴訟を提起しなければならない（同条2項）。この場合、2段階の訴訟手続を踏むことになる。

当該職員が長である場合には、その訴訟については、代表監査委員が当該地方公共団体を代表する（同条5項）。第2段階目の訴訟の提起については、地方公共団体は当初の住民訴訟の判決に従い義務的に行うものであるため、議会の議決は要しないものとされる（242条の3第3項）。

■コラム■ 議会による権利放棄議決の問題

　近年、住民訴訟をめぐる重要な問題として、議会による権利放棄議決と住民訴訟との関係の問題がある。地方自治法96条1項10号は「権利を放棄する」には議会の議決が必要であると定めている。この規定を根拠として、住民訴訟において、違法な財務会計行為によって生じた地方公共団体の損害を認定し、当該執行機関に損害賠償等を命じる判決が下された場合に、当該地方公共団体の議会が、本来地方公共団体に帰属する損害賠償請求権等を放棄する議決を行い、損害賠償請求権等を消滅させる事例がみられるようになっている。下級審判決では、議会による権利放棄議決を有効としたものと無効としたものに分かれる。

　平成24（2012）年の最高裁判決では、この問題について、議会による権利放棄に当たって、その適否の実体的判断は、住民による直接選挙を通じて選出された議員により構成される議会の裁量権に基本的に委ねられているとし、議会の裁量権行使にあたって実定法で定められている制約は無いとしながらも、個々の事案ごとに、当該請求権の発生原因である財務会計行為等の性質、内容、原因、経緯・影響、当該議決の趣旨・経緯、当該請求権の放棄・行使の影響、住民訴訟の係属の有無・経緯、事後の状況その他の諸般の事情を総合考慮するという、裁量権の逸脱・濫用の判断枠組みを示した。権利を放棄することが地方公共団体の民主的かつ実効的な行政運営の確保を旨とする同法の趣旨等に照らして不合理であって、議会の裁量権の範囲の逸脱・濫用に当たると認められるときに、その議決は違法・無効となると判示した（最判平成24・4・23民集66巻6号2789頁、最判平成24・4・20民集66巻6号2583頁、最判平成24・4・20判時2168号45頁）。

　その後、平成30（2018）年の最高裁判決では、本件市議会の権利放棄議決について、前記の判断枠組みを参照した上で、「本件議決が市議会の裁量権の範囲の逸脱又はその濫用に当たるということはできない」として、原告の請求を棄却した（最判平成30・10・23判時2416号3頁）。

4　平成 29（2017）年の法改正

　「議会による権利放棄」に関する平成 24（2012）年の最高裁判決（「コラム」参照）を受けて、総務省は、「住民訴訟に関する検討会」を設置し、住民訴訟についての検討を進めた。そして、同検討会の報告書を踏まえて、平成29（2017）年に地方自治法が改正されることとなった（令和 2 年〔2020〕4 月施行）。住民訴訟に関する改正の内容については、次の 2 点が挙げられる。

　第 1 点目は、長等の損害賠償責任の限定についてである。今回の改正によって、長や職員等の地方公共団体に対する損害賠償責任について、その職務を行うにつき善意でかつ重大な過失がないときは、賠償責任額を限定して、それ以上の額を免責する旨を条例において定めることを可能とする規定が新設された（243 条の 2 第 1 項）。これは、長や職員が軽過失しかない場合でも、個人として多額で過酷な損害賠償責任を負うことによる萎縮効果や円滑な行政運営への弊害を防止することを目的にしたものである。

　条例で定める場合の免責に関する参酌基準および責任の下限額は、政令において設定することとされている。同規定によって、この免責条例を制定する場合には、「政令で定める基準（いわゆる「最低額」）」を十分に参照し、最低責任負担額（条例による免責後に長や職員等が実際に負担することになる賠償額）を定める必要がある。

　また、議会は、当該条例の制定・改廃に関する議決をしようとするときは、あらかじめ監査委員から意見を聴取しなければならない（243 条の 2 第2 項）。

　第 2 点目は、損害賠償請求権等の放棄に関する議決についてである。議会は、住民監査請求があった後に、当該請求にかかる行為または怠る事実に関する損害賠償または不当利得返還の請求権その他の権利の放棄に関する議決をしようとするときは、あらかじめ監査委員の意見を聴かなければならない（242 条 10 項）。これは、議会による権利放棄の客観性や合理性を担保する手続上の仕組みを新たに設けたものである。

■■コラム■■ 国民訴訟制度の導入

　住民監査請求・住民訴訟の対象となるのは、地方公共団体レベルにおける違法・不当な財務会計上の行為等に限られている。日本弁護士連合会などは、国レベルにおける違法な財務会計行為等を是正するための「国民訴訟」制度の導入を提言しているが、いまだ実現していない。

知識を確認しよう

【問題】

(1)　住民監査請求と事務監査請求の相違点について説明しなさい。

(2)　住民監査請求を行うための要件について説明しなさい。

(3)　住民訴訟における 4 号訴訟について説明しなさい。

【指針】

(1)　請求権者、請求の対象、監査結果後の手続などの観点から検討しなさい。

(2)　請求権者、事実証明書、請求対象、対象の特定性、請求期間制限などの問題を中心に検討しなさい。

(3)　4 号訴訟の意義、趣旨、2 段階構造などの観点から、議会による権利放棄の問題も含めて検討しなさい。

本章のポイント

1. 地方公共団体の議会は、議事機関として設置され、主権者である住民の意見を反映するために重要な役割を担っている。議会は、住民の直接選挙によって選ばれた議員とその中の議員から選挙される議長・副議長で構成される。

2. 議会の権限には、主として、地方公共団体の意思を決定する議決権のほか、選挙権、監視権、意見表明権、自律権、請願受理権などがある。

3. 議会の審議は、本会議と委員会で行われる。議会の委員会には常任委員会、議会運営委員会、特別委員会があり、いずれも議会が条例で任意に設置することができる。

4. 議会の会議運営については、主として、会議公開の原則、多数決の原則、会期不継続の原則、一時不再議の原則などがある。

1. 議会の地位

　憲法93条1項は、「地方公共団体には、法律の定めるところにより、その議事機関として議会を設置する」と定め、議会は、住民自治を実現していくために、地方公共団体の意思決定機関として、憲法によって直接に規定され、設置すべきものとされている。これを受けて、地方自治法89条も、「地方公共団体に議会を置く」と規定している。

　地方公共団体の議会は、議事機関として設置され、住民による直接選挙で選ばれた議員を構成員とし、住民を代表する。ただし、地方公共団体の長（首長）も住民による直接選挙で選ばれる住民の代表であり、住民に対して直接責任を負っている。したがって、地方公共団体の議会は、国の国会の場合とは異なり、地方公共団体における最高機関でもなく、唯一の立法機関でもない。

　地方公共団体においては、公選された議員で構成される議会と公選された首長を独立・対等な機関と位置付けることで、それぞれが職務を自主的に行い、相互に抑制と均衡を図りながら、地方政治・行政が適切かつ能率的に行われるようにしている。これを首長制（大統領制、首長主義）という。

　このような法制度の下、議会においては、①地域社会における多種多様な争点を政治過程にのせること、②審議を通じて、それらの争点に政策としての優先順位を与え住民に示すこと、③首長との適切な緊張関係を保ちつつ、地方公共団体の意思を形成・決定すること、④執行機関による行政執行の適正性や有効性を評価し、監視・統制していくことなどの役割が期待されている。

　もっとも、例外として、町村においては、条例で、議会を置かずに選挙権を有する者（有権者）で構成される町村総会を設置することができる（94条）。これは、直接民主主義の採用が可能な規模であれば、住民自治にとってその方がより望ましい場合もあり得るという考え方によるものである。現在、住民自治の強化がいわれる中で、その存在が注目されるようになっている。

2 議会の構成

地方公共団体の議会は、公選された議員とその中から選挙される議長・副議長で構成される。

A 議員

[1] 議員の地位と身分

議会の議員は、住民の直接選挙によって選出され（憲93条2項）、住民代表の地位にある。議員は議会の基本的な構成員であり、その定数は、条例で定めることとなっている（90条・91条）。議員の任期は、原則として4年である（93条1項）が、解散があったときには解散により終了する。

議員の身分は、特別職の地方公務員である（地公3条3項）。議員には議員報酬が支給される（203条1項）とともに、費用弁償や期末手当が支給される（203条2項・3項）。さらに、調査研究その他経費の一部を政務活動費として議会における会派または議員に交付することが認められている（100条14項）。政務活動費を交付するかどうかは、各地方公共団体の判断に委ねられているが、交付されたときは、その収入と支出に関する報告書を議長に提出し（100条15項）、議長はその使途の透明性の確保に努めるものとされている（100条16項）。

一方、議会の議員は、本人の意思による辞職（126条）以外に、①被選挙権を失ったとき（127条1項）、②議会から除名されたとき（135条1項）、③直接請求のうちの議員解職請求（80条）が成立したときに、その職を失う。

また、議員については、住民の代表者として公正に職務を行うことを担保するために、一定の兼職・兼業の禁止の制度が設けられている。すなわち、国会議員、他の地方公共団体の議員あるいは地方公共団体の常勤職員などとの兼職が禁止されている（92条）。議員と兼職できない職に就職したときは、直ちに議員の身分を失うものと解されている。

さらにまた、公正な職務遂行を確保するために、当該地方公共団体と請負関係に立つことや請負関係に立つ法人の取締役等への就任も禁止されている（92条の2）。これを「兼業禁止」といい、議会の議員がこの禁止規定

に該当するときは、その職を失う。この規定に該当するか否かの決定については、議会が行うが、この場合においては、出席議員の3分の2以上の多数によって、これを決定しなければならない（127条1項）。

[2] 議員の権限

議会の議員は、住民の代表者として、次のような権限が与えられている。すなわち、①会議の招集・開議を要求する権限（101条3項・114条1項）、②質疑権・討論権・表決権（議会の構成員として議会の意思決定に参加する権限）、③議案・修正動議の提出権（112条1項・115条の3）、④請願を紹介する権限（124条）などがある。

ちなみに、議会の議決すべき事件について、議案を議会に提出する権限（議案提出権）は、原則として長（149条1号）と議員（112条1項）の双方にある。もっとも、議員の議案提出権は、議員定数の12分の1以上の者の賛成がなければならない（112条2項）。また、地方公共団体は、条例の定めるところにより、議員の調査研究その他の活動に資するため、必要な経費の一部として、議会における会派または議員に対し、政務活動費を交付することができる。その場合において、政務活動費の交付の対象・額・方法と政務活動費を充てることができる経費の範囲については、条例で定めなければならないとされる（100条14項）。

┃┃コラム┃┃ 政務活動費

「政務活動費」は、従前は「政務調査費」という名称であったが、平成24（2012）年の地方自治法改正により、現在の名称に変更され、交付目的が地方議員の「調査研究」だけでなく、「その他の活動」にも認められ、その使途が拡大されている。もっとも、地方議員としての活動に含まれない政治活動や選挙活動等の経費は、交付の対象とすることはできない。また、議長は、政務活動費の使途につき、その透明性の確保に努めるものとされる。政務活動費（制度）の趣旨は、地方議会の活性化を図るため、地方議員の調査活動基盤を充実させ、その審議能力を強化させるとともに、その使途の透明性を確保することにある。

　しかし、近年、各地で政務活動費に関して、不正・不当な支出（例えば、政務活動費が地方議員の私物購入や私的旅行に使用される等）が指摘され、住民訴訟も提起されており、大きな問題となっている。

　最高裁判例においては、調査研究のための必要性に欠ける支出であったと認められる場合には、特段の事情のない限り、その支出は使途基準に合致しない違法なものと判断される（最判平成22・3・23判時2080号24頁）。また、「議員の調査研究」に資するための必要な経費といえるためには、当該行為・活動が、その客観的な目的や性質に照らし、議員としての議会活動の基礎となる調査研究活動との間に合理的関連性を有することが求められる（最判平成25・1・25判時2182号44頁）。

[3] 議員の懲罰

　地方公共団体の議会は、地方自治法、会議規則、委員会に関する条例に違反した議員に対し、議決により懲罰を科すことができる（134条1項）。議員の懲罰には、①公開の議場における戒告、②公開の議場における陳謝、③一定期間の出席停止、④除名の4種類がある（135条1項）。

　懲罰の動議は、議員定数の8分の1以上の者の発議によらなければならず、特に議員の身分を喪失させる除名については、議員の3分の2以上の者が出席する会議で、その4分の3以上の者の同意を得る必要がある（135条2項・3項）。なお、議会は、除名された議員で再び当選した議員を拒むことができない（136条）。

　議会の議員の懲罰については、裁判で争われることが多く、その場合に、議員の懲罰の性質が問題となる。議員の除名については、議員の身分を喪失させる重大事項であるため、裁判所の司法審査が及ぶとされる（最判昭和26・4・28民集5巻5号336頁、最判昭和35・3・9民集14巻3号355頁）。これに対して、単なる出席停止などについては、議員の権利行使の一時的な制限に過ぎず、地方議会の内部規律の問題として自治的措置に委ねるのが適当とする（部分社会の法理）ため、司法審査が及ばないとされてきた（最判昭和35・10・19民集14巻12号2633頁）。しかし、最近、最高裁は、出席停止の懲罰について従来の判例を変更して、司法審査が及ぶとした（「コラム」参照）。

┃コラム┃　地方議員に対する出席停止の懲罰と司法審査

　近年、地方議会議員に対する懲罰の適否に関して、裁判所の司法審査の対象となるか否かが争われる事例が増加している。

　最高裁は、地方議員の除名の懲罰については、一貫して司法審査を認めている。これに対して、議員の出席停止の懲罰については、昭和35（1960）年の最高裁判決が司法審査の対象とならないとした。すなわち、最高裁は、昭和35年10月19日、新潟県山北村議会の議員が3日間の出席停止の懲罰を科されたことに対して、この懲罰議決が無効であるとして、その無効の確認と取消しを求めた事案について、「一口に法律上の係争といつても、その範囲は広汎であり、その中には事柄の特質上司法裁判権の対象の外におくを相当とするものがある……。けだし、自律的な法規範をもつ社会ないしは団体に在つては、当該規範の実現を内部規律の問題として自治的措置に任せ、必ずしも、裁判にまつを適当としないものがあるからである。本件における出席停止の如き懲罰はまさにそれに該当するものと解する」とし、本件訴えを不適法であると判示した（最判昭和35・10・19民集14巻12号2633頁）。

　これは、自律的な法規範を有する社会・団体については、その自律的措置に委ねるべきであるとする「部分社会の法理」（部分社会論）を地方議会についても採用したものとされ、出席停止の懲罰に関する従来の指導的判例とされてきた。

　しかし、最高裁は、令和2（2020）年11月25日、宮城県岩沼市議会の議員が、市議会から科された23日間の出席停止の懲罰が違憲、違法であるとして、岩沼市を被告として、その取消しおよび議員報酬の減額分の支払を求めた事案について、次のように判示した。

　「普通地方公共団体の議会の議員は、当該普通地方公共団体の区域内に住所を有する者の投票により選挙され……、議会に議案を提出することができ……、議会の議事については、特別の定めがある場合を除き、出席議員の過半数でこれを決することができる……。そして、議会は、条例を設け又は改廃すること、予算を定めること、所定の契約を締結すること等の事件を議決しなければならない……ほか、当該普通地方公共団体の事務の

管理、議決の執行及び出納を検査することができ、同事務に関する調査を行うことができる……。議員は、憲法上の住民自治の原則を具現化するため、議会が行う上記の各事項等について、議事に参与し、議決に加わるなどして、住民の代表としてその意思を当該普通地方公共団体の意思決定に反映させるべく活動する責務を負うものである。

　出席停止の懲罰は、上記の責務を負う公選の議員に対し、議会がその権能において科する処分であり、これが科されると、当該議員はその期間、会議及び委員会への出席が停止され、議事に参与して議決に加わるなどの議員としての中核的な活動をすることができず、住民の負託を受けた議員としての責務を十分に果たすことができなくなる。このような出席停止の懲罰の性質や議員活動に対する制約の程度に照らすと、これが議員の権利行使の一時的制限にすぎないものとして、その適否が専ら議会の自主的、自律的な解決に委ねられるべきであるということはできない。

　そうすると、出席停止の懲罰は、議会の自律的な権能に基づいてされたものとして、議会に一定の裁量が認められるべきであるものの、裁判所は、常にその適否を判断することができるというべきである。

　したがって、普通地方公共団体の議会の議員に対する出席停止の懲罰の適否は、司法審査の対象となる」(最判令和2・11・25民集74巻8号2229頁) と判示し、これまでの立場を変更した。

　本判決は、従来の地方議員の出席停止の懲罰に対する司法審査のあり方を大きく変えるものであり、重要な判例として注目されている。

B　議長・副議長

　議会は、議員の中から、議長と議長を代理する者としての副議長を各1名選挙しなければならない (103条1項)。議長および副議長の任期は、議員の任期による (103条2項)。議長および副議長は、議会の許可を得て辞職することができる (108条)。ただし、副議長は、議会の閉会中であれば、議長の許可を得て辞職することができる。

　議長は、議場の秩序を保持し、議事を整理し、議会の事務を統理し、議会を代表する (104条)。議長は、議会の委員会に出席し、発言することが

できる（105条）とともに、議会または議長の処分・裁決に係る地方公共団体を被告とする訴訟については、地方公共団体の代表となる（105条の2）。具体的には、議会における選挙（97条）の投票に異議がある場合の議会の決定に関する審査申立ての裁決に不服があるときの訴訟（118条5項）などがある。

議長に事故があるとき、または議長が欠けたときには、副議長が議長の職務を行う（106条）。

3 議会の権限

議会は、地方公共団体の議事機関に位置付けられていることから、様々な権限を有している。地方公共団体の議会は、住民の代表機関として地方公共団体の意思を決定する機関である。地方自治法は、こうした議会の自主的かつ積極的な運営のため、その権限を拡大するとともに、執行機関に対し民主的な批判・牽制を加えるための権限を与えている（96条〜100条の2）。議会が有する権限には、主として、次のようなものが挙げられる。

A 議決権

議決権は、地方公共団体の意思を決定する権限であり、議会の最も基本的な権限である。ただし、現行の地方自治制度が首長制を採用していることから、その権限は地方公共団体のすべての事項に及ぶわけではなく、地方自治法96条1項1号から15号に掲げられた事項に限定されている。

具体的には、①条例の制定・改廃、②予算の議決、③決算の認定、④地方税の賦課徴収、分担金・使用料・加入金・手数料の徴収、⑤工事・製造の請負契約のうち、一定金額以上の契約の締結、⑥財産の交換・出資・支払手段としての使用・適正な対価なくしての譲渡貸付け、⑦不動産の信託、⑧条例で定める財産の取得・処分、⑨負担付きの寄付・贈与、⑩権利の放棄、⑪条例で定める重要な公の施設の長期的かつ独占的な利用、⑫地方公共団体が当事者である不服申立て・訴えの提起・和解・斡旋・調停・仲裁、

⑬損害賠償額の決定、⑭区域内の公共的団体等の活動の総合調整、⑮法令により議会の権限に属する事項（例えば、指定管理者の指定、外部監査契約の締結、地方道路の認定など）がある。

これらの議決事件のうち、最も重要なものは、①条例の制定・改廃（96条1項1号）という立法権限である。地方分権改革により、自治事務だけでなく、法定受託事務についても、原則的に条例を制定することが可能となったため、議会の議決権は拡大している。

②予算の決定（96条1項2号）についても、地方公共団体の行政活動には予算の裏付けが必要であり、予算議決を通じた執行機関に対する財政的コントロールという意味で、議会が議決すべき重要な事件といえる。予算の提案権は長に専属するが、議会は長の提案権を侵害しない限度で、提出された予算の増額修正を行うことができる（97条2項）。

予算の決定とともに、③決算の認定（96条1項3号）についても、予算状況の事後的審査という意味で、重要な議決事件である。議会が決算不認定の議決をしたときは、長は、必要と認める措置を講じ、その内容を報告しこれを公表しなければならない（233条7項）。

ちなみに、議会への議案の提案権は、議員（112条1項）と委員会（109条6項）とともに、長にも認められている（149条1号）。

ここに列挙された議決事件（96条1項1号〜15号）以外のものであっても、国の安全に関する事項等を除いて、地方公共団体が条例によって議会の議決事件を追加することができる（96条2項）。これを受けて、総合計画などの当該地方公共団体の重要な計画を議決事件の対象に追加する議会が増えてきており、この条項を用いた議決権の拡充がみられる。

┃コラム┃ 議会基本条例

議会基本条例は、議会の基本理念や運営方針、議会や議員の活動の原則などを定めるもので、議会の最高規範といわれる。

平成18（2006）年5月に北海道栗山町議会は、議会改革の動きの1つとして、全国初の議会基本条例を制定した。その制定の目的については、「分権と自治の時代にふさわしい、町民に身近な政府としての議会及び議員の

活動の活性化と充実のために必要な、議会運営の基本事項を定めることによって、町政の情報公開と町民参加を基本にした、栗山町の持続的で豊かなまちづくりの実現に寄与することを目的とする」(栗山町議会基本条例1条)と定める。主な特色としては、①住民との意見交換のための一般会議の設置、②議会報告会の開催の義務化、③長等の反問権の付与、④政策形成過程資料提出の義務化、⑤議員相互間の自由討議推進、⑥議員の政治倫理の明記、⑦条例の最高規範性などが挙げられる。

　議会基本条例は、当該議会のそれまでの改革内容を具体化するだけでなく、議会機能の一層の強化を目指すとともに、当該団体における議会の役割や位置付けを明記している点で大きな意義がある。

　現在では、全国各地の地方公共団体において、議会基本条例が制定されている。しかし、同条例については、制定するだけで終わっているところも少なくないなど改革の成果が十分に現れているとはいえない。実際に議会における審議や議論を実質化し、その活性化を図ることが課題となっている(第9章2節A [2] 参照)。

B　選挙権

　選挙権は、議会の議員の意思によって特定の地位につくべき者を選び、決定する権限である。地方公共団体の議会は、「法律又はこれに基づく政令によりその権限に属する選挙を行わなければならない」と規定している(97条1項)。具体的には、議長・副議長の選挙、選挙管理委員・補充員の選挙などが挙げられる。

　議会における選挙は、会議を開き、議事を行うための定足数が満たされていることが、適法に選挙が行われるための要件である。したがって、出席議員の定足数を欠いて行われた選挙は無効となる。

C　監視権

　地方公共団体の議会には、議事機関としての意思決定機能だけでなく、執行機関の監視を行う監視機関としての機能がある。地方自治法においては、議会の監視機能の権限として、検査権、監査請求権、調査権、不信任

議決権などが規定されている。

[1] 検査権

議会は、地方公共団体の事務に関する書類や計算書を検閲し、長その他の執行機関から報告を請求して、当該事務の管理、議決の執行、出納を検査することができる（98条1項）。この検査権は、基本的に書面による検査であって、実地検査は含まれないと解されている。したがって、実地について検査が必要な場合には、監査委員に監査を請求することとなる。

なお、長その他の執行機関は、検査のために議会から報告を求められたときは、正当な事由がある場合を除き、これを拒否することはできない。

[2] 監査請求権

議会は、当該地方公共団体の事務について、監査委員に対して監査を求め、監査の結果に関する報告を請求することができる（98条2項）。議会の監査請求には、その旨の議決を必要とする。監査請求の対象や範囲は、財務監査などに限られず、議会の要求に基づき地方公共団体の事務全般に及ぶとされる。

[3] 調査権

議会が住民の代表機関として立法・政策決定機能や執行機関に対する批判・監視機能を十分に全うするためには、それにふさわしい調査権限を有することが不可欠である。地方自治法においては、地方公共団体の議会は、当該地方公共団体の事務に関して「調査を行うことができる。この場合において、当該調査を行うために特に必要があると認めるときは、選挙人その他の関係人の出頭及び証言並びに記録の提出を請求することができる」（100条1項）と規定し、議会に調査権が認められている。これは「100条調査権」と呼ばれ、憲法62条で、国会の国政に対する広範な調査権（国政調査権）が与えられた趣旨を踏まえ、当該地方公共団体の議会に対し、その職責を十分に果たすために認められた強力な権限である。

議会の調査権の対象となるのは、当該地方公共団体の事務である。ただし、政令で定める一定の例外（国の安全・個人の秘密に係る事項など）について

は、対象外とされる（100条1項）。

　当該地方公共団体の事務に属する限り、議会の調査は、議案調査だけでなく、政治調査や事務調査も可能とされている。この調査権の行使の主体は議会であり、委員会ではないが、議会が調査権を行使するにあたり必要と認めたときは、議会の議決により、この権限を個別具体的に委員会（100条委員会）に委任することが可能である。

　議会が調査を行うにあたっては、強制的な方法によることが認められ、特に必要のある場合に選挙人その他の関係人の出頭・証言・記録提出を求めることができる。調査権の実効性を確保するため、関係人等が正当な理由がないのに出頭・証言等を拒んだ場合には、6か月以下の禁錮または10万円以下の罰金が科されるほか、宣誓をしてから虚偽の陳述をした場合には、3か月以上5年以下の禁錮に処される（100条3項・7項）。さらに、議会は、選挙人その他の関係人が出頭等を拒むなど罪を犯したものと認める場合には、告発を行わなければならない（100条9項）。

　このように、100条調査権は、調査の実効性を担保するため罰則（強制力）が認められている点で、議会における常任委員会の一般的調査権（109条2項）とは大きく異なる。

　また、議会は、議案の審査または当該地方公共団体の事務に関する調査のためや、議会において必要があると認める場合には、会議規則の定めにより、議員を派遣することができる（100条13項）。

　加えて、議会は、議案の審査または当該地方公共団体の事務の調査のために必要な専門的事項に係る調査を学識経験者などに行わせることが可能である（100条の2）。

[4] 不信任議決権

　地方公共団体の議会と長がそれぞれ独立の立場で相互に抑制し、その均衡の上に地方公共団体は運営されている。この議会と長の均衡・調和が保たれなくなった場合には、選挙を通じて住民の意思により解決するのが民主的である。こうした前提に立って、議会には、長に対する不信任議決権が認められている（178条1項）。

　これに対し、長には議会の解散権が与えられている。議会が長に対し不

信任議決を行うには、議会の議員定数の3分の2以上の者が出席し、その4分の3以上の同意が必要とされている（178条3項）。

D 意見表明権

意見表明権は、住民の代表機関である議会が、一定の事項について、機関としての意思や見解などを表明する権限である。ただし、その効果については、法的拘束力を有するものではないとされる。意見表明権には、具体的に、意見書提出権と諮問答申権がある。

[1] 意見書提出権

意見書の提出権は、議会が、当該地方公共団体の公益に関する事件について、意見書を国会または関係行政庁に提出することができる権限である（99条）。その場合、地方公共団体の公益に関する事件である限り、意見書の内容については、当該地方公共団体の事務であるか、国の事務あるいは他の地方公共団体の事務であるかを問わない。また、意見書の提出先は、国会または意見書の内容についての権限を有する行政機関であり、行政機関については、国の機関であるか、地方公共団体の機関であるかは問わないが、裁判所に意見書を提出することは認められない。

意見書の提出の議決は、地方公共団体の機関としての議会の意思の決定となるため、その発案権は議員に専属し、長にはない。

[2] 諮問答申権

諮問答申権は、執行機関が一定の行為を行うにあたって議会に諮問することが義務付けられているものである。例えば、分担金・使用料・手数料などの徴収に関する処分についての審査請求（229条）、行政財産を使用する権利に関する処分についての審査請求（238条の7）、職員に対する賠償命令についての審査請求（243条の2の2）、公の施設の利用する権利に関する処分についての審査請求（244条の4）などが行われたときには、長が議会に諮問して当該審査請求に対する裁決をしなければならず、議会は諮問を受けた日からそれぞれ20日以内に意見を述べなければならないものとされている。

E 自律権

自律権とは、議会が自らの組織や運営に関して、他の機関などから関与を受けることなく、自主的に決定し処理する権限のことをいう（120条・127条・129条・130条・135条など）。自律権には、主として、組織運営権、会議規則制定権、内部紀律権、決定権などが挙げられる。

[1] 組織運営権

議会は、法令の範囲内において、自らの内部組織運営について自ら決定することができる。組織運営権の例としては、議長や副議長を選出する権限（103条・106条）、委員会の組織運営に関する権限（109条）、議会の開閉や会期の決定・延長といった議事運営に関する権限（102条・114条・115条）などがある。とりわけ、議事運営事項については、地方自治法の規定以外に各議会による独自の運営が会議規則（120条）や申合せなどによりルール化されている。

[2] 会議規則制定権

地方自治法120条は、「普通地方公共団体の議会は、会議規則を設けなければならない」と規定している。議会は、自らの会議の運営を合理的かつ能率的に行うため、法令の規定する事項以外の必要な事項を定めることが可能である。会議運営に関する内容については、法令に反しない限り、自由に定めることができる。

[3] 内部紀律権

内部紀律権とは、会議の秩序を維持し、秩序を乱した者に対して制裁を加える権限をいう。

議会の議長には、議場の秩序を保持する権限が与えられている（104条）。具体的には、地方公共団体の議会の会議中に議場の秩序を乱す議員がいるときは、議長は、これを制止し、または発言を取り消させ、その命令に従わないときは、会議終了まで発言を禁止し、または議場の外に退去させることができる（129条）。傍聴人が騒ぎ立てるなど会議を妨害するときは、議会の議長は、これを制止し、その命令に従わないときは、傍聴人を退場さ

せることができる（130条）。

　また、議員に対する懲罰権もあり、地方公共団体の議会は、地方自治法・会議規則・委員会条例に違反した議員に対し、議決により、懲罰（戒告、陳謝、出席停止、除名）を科することができる（134条・135条）。

　このほかに、議会の議員が正当な理由がなく招集に応じないため、または会議に欠席したため、議長が特に招状を発しても、なお正当な理由がなく出席しない者は、議長において、議会の議決を経て、これに懲罰を科することができる（137条）。

[4] 決定権

　決定権としては、例えば、議員の資格決定権があり、議員の資格に疑いが生じた場合には、裁判の確定などそれが明確な場合を除き、議会が決定するものとされている（127条）。その際には、その重大性から、出席議員の3分の2以上の多数により決定することが必要とされる。

　そのほかに、議会が行った選挙の投票の効力に係る異議に対する決定権（118条）が挙げられる。

F　請願受理権

　憲法16条により国民の請願権が保障されているのに対応して、民意を広く行政に反映させるため、地方公共団体の議会に対し、この請願を受理する権限が認められている。ここにいう「請願」とは、住民が地方公共団体に意見・要望・苦情などを行うことを意味する。議会に請願しようとする者は、議員の紹介を得て、請願書を提出しなければならない（124条）。

　請願を受けた議会は、これについて採択・不採択の形で議会の意思を決定し、その採択した請願が当該地方公共団体の長や行政委員会などの執行機関において措置することが適当と認める場合には、それぞれに送付し、その請願の処理の経過および結果の報告を求めることができる（125条）。

4 議会の運営

A 議会の種類

議会の種類には、定例会と臨時会があり、原則として、地方公共団体の長によって招集される。

[1] 定例会

定例会とは、毎年、条例で定める回数を招集しなければならず、案件の有無に関わらず、定例的に招集されるものである（102条2項）。定例会の招集回数については、条例で自由に回数を定めることができる。多くの議会において、定例会は年4回開催されている。

[2] 臨時会

臨時会は、必要がある場合に、特定の案件を審議するために招集されるものである（102条3項）。あらかじめ長の付議事件の告示が必要である。臨時会については、議長が議会運営委員会の議決を経て、または議員定数の4分の1以上の議員が、長に対して会議に付議すべき事件を示して招集を請求することができる（101条2項・3項）。

もっとも、平成24（2012）年の地方自治法改正において、条例の定めにより、定例会・臨時会の区分を設けず、通年会期（条例で定める日から翌年の当該日の前日まで）とすることも可能となった（102条の2第1項）。

B 議会の招集

議会の招集とは、議会が活動を開始するために、一定の日時に一定の場所に集合するよう議員に対し要求する行為である。議会は、この招集行為によって初めて活動能力を有することになる。

議会の招集権は、基本的には、議会の議長ではなく、地方公共団体の長に属する（101条1項）。首長制の下では、議会は長から独立して活動することが本来的であるから、長に議会の招集権があることに対して批判がみら

れる。長による招集の告示は、開会の日前、都道府県と市にあっては7日まで、町村にあっては3日までに行わなければならない（101条7項）。

　臨時会については、長に対し、①議長が議会運営委員会の議決を経て会議に付議すべき事件を示して招集の請求をしたとき、②議員定数の4分の1以上の議員が会議に付議すべき事件を示して招集の請求をしたときは、長は、請求のあった日から20日以内に臨時会を招集しなければならない。①の議長による招集請求のあった日から20日以内に長が招集しなければ、議長は臨時会を招集することができる。また、②の議員による招集請求のあった日から20日以内に長が招集しなければ、議長は、請求をした議員の申出に基づき、当該申出のあった日から、都道府県と市の場合は10日以内に、町村の場合は6日以内に臨時会を招集しなければならない（101条2項〜6項）。

C　会期

　地方公共団体の議会も、国会と同様に、1年を通じて常に活動しているわけではない。議会が議会として活動できる一定の期間のことを「会期」という。すなわち、議会は会期中に限り、その活動能力を有する。会期の決定は、議会の権限である（102条7項）。

　議会の審議が議事日程どおりに進行しなかったり、追加議案の提出があった場合には、議会の会期を延長することができる。会期延長に関する事項については、議会がこれを定める（102条7項）。

　会期はそれぞれに独立しており、会期中に議決されなかった案件は、原則として、次の会期に引き継がれないものとされる（119条）。

D　議事・議決

　議会は、議員定数の半数以上の議員が出席しなければ、議事を開き議決をすることができない（113条）。国会の定足数は総議員の3分の1以上であるが、議会の定足数は、これよりも厳しく半数以上とされている。定足数とは、議会が会議を開き、意思決定機関として意思を議決する行為能力を有するために必要な最低限度の出席者数のことである。

　定足数は、会議開会のための要件であるだけでなく、会議を継続するた

めの要件（議事要件）および意思決定のための要件（議決要件）でもある。定足数を欠いた議決等は無効・違法であるため、長は再議に付す必要がある（176条）。

　議会の議事については、地方自治法に特別の定めがある場合を除き、出席議員の過半数で決定し、可否同数の場合には、議長が決定する（116条1項）。

E　本会議と委員会

　議会の審議は、通常、議員全員で議会の意思決定をする「本会議」と本会議での審査の準備を主な任務とする「委員会」で行われる。

[1] 本会議

　本会議は、議員全員で構成され、議員定数の半数以上の議員が議場に出席して開かれる会議である（113条）。会期の決定、選挙、議案等に対する質疑や、請願の議決などを行い、議会の最終的な意思決定を行う議会の基本的組織である。

[2] 委員会

　本会議に対して、議会における委員会は、一定の分野を集中的に審議するために、一部の議員で構成される合議制の機関である。地方公共団体の各種の事務が複雑化・専門化してきているため、地方自治法では、議会に委員会制度の採用を認めている（109条）。その理由は、一部の議員が委員会で集中的に審議して、その結果を本会議に報告した方が、多くの案件を迅速かつ能率的に処理できるためである。

　議会における委員会は、本会議の議決前に議会より付託された事件を審査する議会の内部的な予備審査機関であって、議会と離れて独立の意思決定を行う機関ではない。

　委員会には、次の常任委員会・議会運営委員会・特別委員会の3種類があり、いずれも議会が、条例で任意に設置できる（109条1項）。いずれの委員会を設置するかについては、議会の自由とされる。委員会の設置を任意とした理由は、特に小規模な地方公共団体において本会議中心主義をとる

ことを可能にするためである。委員会の委員の選任方法や在任期間などについては、条例で定めることができる。委員会には、議会への議案（予算を除く）提出権がある（109条6項）。

委員会は、議会の議決により付議された特定の事件について、閉会中も審査することができる（109条8項）。

実際には、委員会を中心に実質的な審議が行われており、委員会制度の採用が本会議を形骸化している傾向がある。

(1) 常任委員会

常任委員会は、ほぼ事務部門別に設けられ、その部門に属する当該地方公共団体の事務に関する調査を行い、議案や請願などを審査する（109条2項）。その場合、議案などの審査は、議会からの付託を受けて審査を行うのに対して、その所管に関する事務調査は、常任委員会が自主的・能動的に行える。

(2) 議会運営委員会

議会は、議会運営を円滑に行うため、条例で、議会運営委員会を置くことができる。議会運営委員会は、①議会の運営に関する事項、②議会の会議規則および委員会に関する条例等の事項、③議長の諮問事項に関する調査を行い、議案や請願などを審査する（109条3項）。これらの事項は、議会運営委員会の専管事項である一方、これらの事項以外の審議はできない。

(3) 特別委員会

特別委員会は、議会の議決により付議された特定の事件を審査する特別の必要がある場合に、条例で設置される委員会である（109条4項）。特別委員会は、特定の事件を審査するため、事件ごとに設置され、付託された事件の審議が終了すれば、その存在意義を失うものである。

F 会議運営の原則

議会において議事を開くことを会議という。会議は、議会の構成員である議員全員をもって組織される議会の基本的な組織である。議会の意思はこの会議によって決定される。会議の運営については、主として、次のような原則が定められている。

[1] 会議公開の原則

　議会の会議は、国会の場合と同様に、公開するのが原則である（115条1項本文）。もっとも、議長または議員3人以上の発議により、出席議員の3分の2以上の多数で議決した場合には、秘密会を開くことができる（115条1項ただし書）。判例では、議員1人の発議に基づき全員が異議なく秘密会を開くことを採決した場合は、秘密会の成立および秘密会における議決を無効とすべき理由はないと判示する（最判昭和24・2・22民集3巻2号44頁）。

　会議公開の原則の具体的内容として、傍聴の自由、報道の自由、会議録閲覧の自由が挙げられる。このうち、会議録については、その作成が議長に義務付けられている。議長は、事務局長または書記長（書記長を置かない町村では書記）に書面または電磁的記録により会議録を作成させ、会議の次第や出席議員の氏名を記載させ、または記録させなければならない（123条）。

　近年では、インターネットを通じた会議録や審議映像などの会議情報の提供が積極的に行われるようになってきている。また、多くの市町村において議会の活性化の観点から、幅広い住民が議会を傍聴できるように休日や夜間に議会を開催する取組みが行われつつある。

　さらに、本会議から付託された議案を具体的かつ実質的に審議している委員会の役割の重要性を鑑みて、本会議だけでなく、常任委員会や特別委員会の会議についても公開すべきであるという議論が強くなっている。

[2] 多数決の原則

　議会の議事は、特別の定めがある場合を除き、出席議員の過半数でこれを決し、可否同数のときは議長が決する（116条1項）。これは、憲法56条2項にある国会の表決方法と同様の趣旨であり、表決における単純多数決制を採用するとともに、可否同数の場合における議長決裁権を明記したものである。

　ただし、議会の重要案件について、議事の尊重、審議の慎重、少数者保護の見地から、特別多数による議決が要求されている場合がある。例えば、秘密会の議決（115条1項）や議員の失職・資格に関する決定（127条1項）などは、議員定数の過半数による出席議員の3分の2以上の多数議決が要求されている。

[3]　会期不継続の原則

　議会は、会期ごとに別個・独立した存在とされ、会期中に限り活動能力を有しているため、会期中に議決に至らなかった事案については、後会に継続せずに廃案となる（119条）。これを「会期不継続の原則」という。この原則の例外として、議会閉会中での常任委員会・議会運営委員会・特別委員会における継続審査がある（109条8項）。継続審査の場合、当該事件については後会に継続するため、改めて提案し直すことは不要である。

[4]　一事不再議の原則

　同一会期中に一度議決（可決または否決）された同一の事項について再び意思決定をしないことを「一事不再議の原則」という。議会が定める会議規則には、議会で議決された事件については、同一会期中は、再び提出することができないとして、この原則を定めている。ただし、長による再議制度（176条・177条）などは例外である。

G　公聴会・参考人制度

　議会は、会議において、予算その他重要な議案、請願などについて公聴会を開き、利害関係者や学識経験者などから意見を聴くことができる。また、議会は、会議において、当該地方公共団体の事務に関する調査または審査のため必要があると認めるときは、参考人の出頭を求め、その意見を聴くことができる（115条の2）。議会における委員会においても、同様の制度が認められている（109条5項）。

H　議会事務局

　議会活動に関する事務を処理するため、都道府県の議会に議会事務局が設置される（138条）。市町村の場合は、条例による任意設置である。議会事務局には、事務局長、書記その他の職員が置かれる。事務局を置かない市町村の議会には、書記長、書記その他の職員が置かれる。ただし、町村においては、書記長を置かないことができる。

　議会事務局は、現実には議員の議会活動を支援する役割を担っており、近年の議会改革で求められた議会の政策形成機能の向上についても、議会

事務局の政策調査能力をいかに充実させるのかが課題となっている。ただし、町村議会の事務局では職員数が極めて少ないため、近隣の市町村とで議会事務局の共同設置が認められるようになっている（252条の7）。

知識を確認しよう

・・・・・・・・・・・・・・・・・・・・・・・・・・・・・

問題

(1) 地方議員の懲罰と司法審査について説明しなさい。

(2) 議会における委員会制度について説明しなさい。

(3) 議会における会議の公開について説明しなさい。

指針

(1) 地方議員に対する懲罰制度を踏まえた上で、この点に関する近年の最高裁判例を参照し、司法審査が及ぶ範囲について検討しなさい。

(2) 議会における委員会の意義・種類・内容などを中心に検討しなさい。

(3) 会議運営における公開の原則とその例外を踏まえて、近年の会議公開に関する状況や議論について検討しなさい。

第8章 地方公共団体の執行機関

本章のポイント

1. 地方自治法は、執行機関として長の外、委員会および委員を置くこととしており、「執行機関多元主義」をとっているが、一方で、執行機関の一体性を確保する必要から、長を中心的な執行機関と位置付けている。

2. 普通地方公共団体の長には、当該普通地方公共団体の事務の包括的管理執行権とともに、当該普通地方公共団体の統轄・代表権が与えられている。

3. 日本国憲法上、国政における議院内閣制とは異なって、地方自治については「二元代表制」がとられており、立法府（議会）と行政府（長）とが峻別されているかのような印象も受けなくはないが、地方自治法上は、長の議案提出権や長に対する不信任議決権など、議院内閣制的要素も併せ取り入れられている。

1 執行機関の概念と執行機関多元主義

　地方自治法第 7 章は普通地方公共団体の「執行機関」について規定する。この点、行政法学では「執行機関」とは、警察官、消防職員、徴税職員など、行政庁の意思を実力をもって執行する行政機関を意味するが、地方自治法第 7 章ではこれとは意味合いを異にし、「執行機関」は、普通地方公共団体の事務を「自らの判断と責任において、誠実に管理し及び執行する義務を負う」機関と定められ（138 条の 2）、性質上、担当する事務について普通地方公共団体の意思を決定し、外部に表示する権限をもつ行政機関のことを指している。すなわち、「議事機関」としての議会（憲 93 条 1 項）の議決を執行することに鑑み「執行機関」と称されてはいるが、行政法学上の「執行機関」にあたるのではなく、行政法学上の「行政庁」（行政主体の意思を決定・表示する権限を有する行政機関）に該当することとなる（もっとも、地方自治法上「執行機関」とは位置付けられていない警察法上の警察署長、建築基準法上の建築主事等も「行政庁」ではある）。

　地方自治法 138 条の 4 第 1 項は、かような執行機関を普通地方公共団体の長に限局することなく、法律の定めるところにより委員会または委員をも執行機関として置くこととし、執行機関多元主義を採用している。政治的中立性が求められる事務や専門技術的判断が必要な事務などについては、長から独立した執行機関を設け、自らの判断と責任で事務を管理執行させることで、民主的、公正・適正な地方自治の運営を図ることを目指したことのあらわれであり、このことから、委員会または委員は長の「所轄」の下に置かれている（138 条の 3 第 1 項・2 項）。ここに「所轄」とは、形式的には長の管轄下にあるが、職権行使においては独立性が認められ、長の指揮命令権に服するものではない、という執行機関相互の関係を意味する。後述本章 3 節の如く、現在置かれている委員は監査委員のみであり、これは戦前の考査役制度を継承するものであって、基本的に独任制であるが、委員会（行政委員会ともいう）としては教育委員会、人事委員会等、幾つかのものが置かれており、それら委員会の制度はアメリカの占領政策を反映する形で導入された制度であって、合議制の行政機関（行政庁）である点に基本

的な特徴がある（アメリカの行政委員会〔administrative commission or board〕は、州際通商委員会〔Interstate Commerce Commission〕を皮切りに19世紀末から20世紀にかけて発達した合議制行政庁であり、行政的機能に加えて準立法的機能、準司法的機能をも併有することを特徴としているが、これを範として戦後の日本に国レベルでも地方公共団体レベルでも幅広く導入されたのが「委員会」であった。その後、国レベルでは、国家公安委員会や公正取引委員会など現存するものもあるが、責任の帰属の不明確さ、非能率性などが指摘され、また内閣の指揮命令権強化の要求もあって、委員会の多くは廃止され、あるいは審議会へと改組されていく。これに対して、地方公共団体レベルでは、今日まで大きく変容することなく推移してきている）。

　このような執行機関多元主義の一方で、執行機関は「相互の連絡を図り、すべて、一体として、行政機能を発揮するようにしなければなら」ず、長は「執行機関相互の間にその権限につき疑義が生じたときは、これを調整するように努めなければならない」ことが定められ（138条の3第2項・3項）、長を中心的な執行機関に据えた上で、適切に執行機関の一体性を確保し、総合行政が推進されやすくする仕組みが整えられているといえる。

2　長

A　長の地位

　都道府県には知事が、市町村には市町村長が、普通地方公共団体の長として置かれる（139条）。

　長は住民の直接選挙によって選ばれ（憲93条2項）、選挙権者は、日本国民たる年齢満18年以上の者で引き続き3か月以上当該普通地方公共団体の区域内に住所を有するものであり（18条）、被選挙権者は、知事については年齢満30年以上、市町村長については年齢満25年以上の日本国民であって、議員の被選挙権の場合とは異なり、当該普通地方公共団体の住民であることは要件とされてはいない（19条）。落下傘候補や名物候補が現れるゆえんである。長は特別職地方公務員であり（地公3条3項1号）、任期は4年である（140条1項）。

コラム 長の多選制限をめぐる動き

　地方自治における長の多選の是非については、多選（知事でも5期以上の例も珍しくはない）に行政への精通といったメリットがある反面、それが長の選挙における低投票率、無投票当選が多いこと、政党の相乗り傾向の増大などの一因となっているとして、また、強大な権限の長が長期にわたってその地位に就くことが独裁化、政策のマンネリ化、職員の志気の低下などの弊害を招くとして、多選制限をすべきではないかがよく議論される。憲法上にも地方自治法上にも制限規定がないなかで、法律により一律に多選制限を定めることとするか、法律上の多選制限規定を根拠に地方公共団体が条例で具体を定める形をとるかは別として、立憲主義、民主主義、職業選択の自由等との関係でも、多選制限は合理的な範囲に止まる限り違憲とはならないという考え方が有力である（例えば、平成19〔2007〕年5月の総務省「首長の多選問題に関する調査研究会」報告）。ただし、過去に3回にわたり（昭和29〔1954〕年、昭和42〔1967〕年、平成7〔1995〕年）、知事等の多選禁止を定める法案が議員発議の形で国会に提案されたが、いずれも審議未了廃案となっている。これに対し、地方公共団体においては、神奈川県において平成19（2007）年に多選禁止条例が制定されたことがあるほか、川崎市、埼玉県、中野区、横浜市、藤沢市など、多選自粛条例が制定された例もある（ただし、川崎市の場合は後に失効、中野区の場合は後に廃止）。また、多選の是非をめぐっては、連続による多選と通算による多選とで区別すべきか、という問題もある。

B　兼職および兼業の禁止

　長は、国会議員、地方公共団体の議会の議員、地方公共団体の常勤職員および短時間勤務職員との兼職を禁止される（141条）。なお、一部事務組合の管理者、広域連合の長等との兼職は認められる（287条2項・291条の4第4項）。

　また、長は、当該普通地方公共団体に対し請負をする者およびその支配人または主として同一の行為をする法人の無限責任社員、取締役等になる

ことを禁じられる（142条。議員の場合とほぼ同様である。92条の2参照）。関係
私企業との癒着を防ぎ、職務執行の公正、適正を確保するための兼業禁止
規定であり、この規定に該当するときは長は失職する。該当の有無は選挙
管理委員会が決定し、決定については総務大臣または都道府県知事への不
服申立て（審査請求）が認められている（被選挙権の有無についても基本的に同様
である。143条）。なお、長の場合は地方自治法142条かっこ書（平成3〔1991〕
年改正で挿入）により、当該普通地方公共団体が出資している法人で政令で
定めるものについては、兼業禁止の例外とする旨が定められ、政令により、
当該普通地方公共団体が資本金、基本金等の2分の1以上を出資している
法人が例外とされている（自治令122条）。このような法人については、地方
公共団体が主体となる形で設立し、実質的経営権を握っているもので、当
該普通地方公共団体の意向を十分反映させる必要もあると考えられるから
であり、長がこの基準を満たす財団法人や第三セクターの役員に就任する
ことは、可能とされている。

▌▌コラム▌▌　兼業禁止に関する裁判例

　地方自治法142条が定める「主として同一の行為をする法人」をめぐり、
森林組合の長の職にあった者は村長選挙に当選しても当選を失うことにな
るかが争われた事件において、最判昭和62・10・20判時1260号3頁は、同
条を「長の職務執行の公正、適正を損なうおそれのある営利的関係のうち
でそのおそれが類型的に高いと認められるもの」を規制対象とした規定で
あると捉えた上で、「『主として同一の行為をする法人』とは、当該普通地
方公共団体等に対する請負が当該法人の業務の主要部分を占め、当該請負
の重要度が長の職務執行の公正、適正を損なうおそれが類型的に高いと認
められる程度に至っている場合の当該法人を指す」ものと解し、具体的に
は、①当該普通地方公共団体等に対する請負量が当該法人の全体の業務量
の半分を超える場合、および②請負量が当該法人の全体の業務量の半分を
超えない場合であっても、当該請負が当該法人の業務の主要部分を占め、
その重要度が長の職務執行の公正、適正を損なうおそれが類型的に高いと
認められる程度にまで至っているような事情がある場合、の法人が該当す

ると判示して、当該森林組合の兼業禁止法人該当性を否定した。①および②、特に②の該当性については、職務の公正確保と被選挙権の保障という2つの要請の間で慎重な判断が求められよう。

C　長の権限

　普通地方公共団体の長は、当該普通地方公共団体の統轄・代表権を有するとともに（147条）、当該普通地方公共団体の事務の包括的な管理執行権を有する（148条・149条）。

　前者の統轄・代表権限について、「統轄」とは、先に触れた「所轄」とは異なり、当該普通地方公共団体の事務の全般について総合的統一、最終的一体性を確保することを意味し、「代表」とは、長の行為が法律上直ちに当該普通地方公共団体の行為となることを意味するのみならず、他の執行機関はもちろん、議会、住民を含め、およそ当該普通地方公共団体に関し当該普通地方公共団体としての立場を集約的に表すことをも意味するものと考えられている。

　後者の包括的管理執行権限については、まず地方自治法149条が長の担任する事務を次のとおり概括的に列挙している（149条1〜8号）。

① 　議会の議決を経べき事件につきその議案を提出すること（議会の会議規則の制定〔120条〕の如く、議会に提案権が専属すると解される事件については、この限りでない）。

② 　予算を調製し、これを執行すること（ただし、現金の出納は170条2項1号により会計管理者の職務権限）。

③ 　地方税を賦課徴収し、分担金、使用料等を徴収し、過料を科すること。

④ 　決算を議会の認定に付すること。

⑤ 　会計を監督すること。

⑥ 　財産を取得、管理、処分すること。

⑦ 　公の施設を設置、管理、廃止すること。

⑧ 　証書および公文書類を保管すること。

　さらに同法149条9号は、これら①〜⑧以外の「当該普通地方公共団体の事務を執行すること」が長の担任事務であることを規定して、①〜⑧が

長が担任する事務の例示に止まることを明らかにしており（この意味では、議会の議決事件に関する96条が制限列挙規定とみなされるのとは異なる）、長が広範な事務の包括的管理執行権を有し、当該普通地方公共団体の事務処理の中心的存在であることを明確化している。なお、同法149条1号から4号までの事項（上掲の①～④）は、法律に特別の定めがなされない限り、委員会または委員の権限には属さず、長の排他的権限となる（180条の6。したがって、例えば各委員会の予算の調製権および執行権は、本来的には長に帰属することになる）。

　以上の統轄・代表権と包括的事務管理執行権の外、長は、(1) 規則制定権（15条）、(2) 職員の任命権（162条・168条2項等）および職員に対する指揮監督権（154条）、(3) 事務組織権（155条・156条・158条）、(4) 違法な処分の取消・停止権（154条の2。処分が不当な場合については、対象から除かれるものと解されている。なお、同条にいう「その管理に属する行政庁」とは、法令により直接対外的な処分権限を与えられた行政法学上の行政庁を指すとの解釈が有力であって、これによれば、155条1項が定める長の権限に属する事務の分掌組織である支庁、支庁出張所、地方事務所、支所、出張所の長は、「その管理に属する行政庁」には該当しないこととなる）、(5) 農業協同組合、PTA、婦人会等の「公共的団体等」に対する指揮監督権（157条。ただし、議会の議決に基づくことを要する。96条1項14号）、などの権限を有する。

　ここに、長による広範かつ複雑・多様化する事務の管理・執行については、その適正な執行を確保するために、財務に関する事務の執行を中心に、民間を参考にして内部統制体制（リスク・マネジメント体制）の強化が求められるようになってきたことが注目される。すなわち、地方自治法の平成29 (2017) 年の改正により、知事および指定都市の長には、内部統制の方針を定め、それに基づいて必要な体制を整備することなどが義務付けられ、指定都市の長を除く市町村長に対しては、それに準ずる内容が努力義務として規定されることとなった（150条）。

D　長の権限の代行

　長の権限は、長自らが行使するのが本則であるが、他の機関に行使させることも可能であって、この権限の代行に代理、委任および補助執行の3種が認められている。

　代理とは、長の権限を他の機関（代理者）が行使し、それに長の行為として法律上の効果を生じさせるものであり、権限の移転はなく、また顕名主義（民199条1項）が妥当する。発生原因により、法定代理と授権代理（任意代理）とに分かれる。法定代理は、法定事実（「欠けたとき」または「事故があるとき」）の発生により当然に代理関係が生ずる場合を指す（法定または指定による代理者〔職務代理者〕の決定については、152条が細かく定めている）。代理権は原則として長の権限の全般に及ぶが（全部代理）、議会の解散権、副知事・副市町村長の選任権等、長の一身専属的な権限については代理権は及ばないと解されている。授権代理は長の授権により代理関係が成立する場合を指し、法定代理とは異なって一部代理の制度である。訴訟事務の代理等を例として挙げることができる（153条1項）。

　委任とは、長が自己の権限の一部を他の機関に移転し、当該他の機関（受任者）が自己の権限として移転された権限を行使することをいい、法が定めた権限の所在に変更が生ずることから、授権代理とは異なり法令上の根拠を必要とする。訴訟法上も受任者が「行政庁」となる（行訴11条）。受任者については、地方自治法153条1項・2項、180条の2が規定する（なお、地域保健9条、地税3条の2等も参照）。

　補助執行（専決および代決）とは、長の権限を内部的に補助させ（決裁させ）、対外的には長の名で執行させることを指す。例えば部長が決裁をし、長の名前で外部に意思表示を行うという方式である。この場合、部長の名は対外的に示されないことから代理とは異なり、また、権限の移転がないことから、もとより委任とも異なる。実務上長の補助機関により補助執行が広く行われているのは、効率的事務執行の観点から自然ともいえるが、さらに地方自治法180条の2は、委員会等の執行機関の事務を補助する職員等による補助執行についても規定している。

E　長の補助機関

　長の補助機関とは、長による事務の管理執行を補助する長の内部的機関であって、地方自治法上、副知事または副市町村長、会計管理者、出納員その他の会計職員、職員および専門委員が定められている。

　これらのうち、都道府県に置かれる副知事および市町村に置かれる副市

町村長は、長が議会の同意を得て選任する特別職の地方公務員であり、定数は条例で定められ、条例でこれを置かないこともできる（161条・162条、地公3条3項1号）。平成18（2006）年の地方自治法改正により原則的定数（1人）の法定は廃止されている。任期は4年であるが、長は任期中でも解職することができる（163条）。副知事および副市町村長は、長を補佐し、長の命を受け政策および企画をつかさどり、その補助機関たる職員の担任する事務を監督し、長の職務代理者を務め、また長の事務の一部を委任を受けて執行する（167条）。

　会計管理者は、現金の出納および保管、小切手の振出し等の会計事務をつかさどる補助機関であって（170条）、普通地方公共団体の会計事務について命令と執行を分離し、公正な処理を確保しようとする目的から置かれており、会計事務の執行については長からの独立性が認められる。平成18年地方自治法改正前の出納長（都道府県の場合）、収入役（市町村の場合）は特別職であったが、現行法の会計管理者は一般職であり、補助機関である職員のうちから長が命ずる（168条2項）。会計管理者の下には、その事務を補助する出納員その他の会計職員が置かれるが、町村では出納員を置かないことができる（171条1項）。

　職員は長が任命し、その定数は臨時または非常勤の職を除き、条例で定める（172条1〜3項）。職員の任用、人事評価、給与、勤務条件、分限、懲戒等に関しては、地方自治法の定め（例えば203条の2・204条）による外、同法172条4項に基づき、地方公務員法で定められている。また、長の事務に関し必要な調査を行わせるため、常設または臨時の専門委員（非常勤特別職）を置くことができる（174条）。

F　長と議会の関係

　日本国憲法上、議事機関としての議会の議員と地方公共団体の長は、ともに住民の直接選挙により選ばれることとされ（憲93条）、国政における議院内閣制とは異なって、いわゆる「二元（的）代表制」が採られており、地方自治の基本原理として、議会と長が緊張関係（二元的対抗関係）に立つことが基本とされているが、同時に地方自治法上は両者を峻別するところとはされておらず、両者が互いに結びつき、抑制と均衡の下に地方自治を運

営するという考え方も多分に採用されている。具体的には、議会による長に対するチェック機能として、議決権 (96条)、検閲、検査、監査請求の権限 (98条)、調査権 (100条)、審議に必要な説明のため議場への出席を求める議長の権限 (121条。内閣総理大臣の場合〔憲63条〕とは異なり、求めなしに議場へ出席することは認められていない) 等が認められ、逆に長による議会に対するチェック機能としては、議会招集権 (101条1項。議長の臨時会招集権については同条5項・6項参照)、議案提出権 (149条1号。条例案の大半は長の提出によっているのが実情である) 等が認められているのに加え、次に分説するように、議会と長の間に意見の相違・対立が生じた場合の調整ルールとして、[1] 長の拒否権および [2] 長に対する不信任議決が定められ、さらに、緊急時等における長による議会の権限の行使として [3] 長の専決処分の制度が設けられている。

　総じて、議会と長との関係については、全体として比重が長の側にあるとの指摘もみられる。また、かような二元代表制は、国政の場合の内閣総理大臣とは異なり、長が住民の直接選挙により選ばれ、住民に対し直接責任を負うという点等に鑑み、「首長制」とも称され、米国連邦レベルの大統領制との近似性が強調されることもあるが、両制度は、以下にみるとおり、全体として似て (かなり) 非なる制度であるとみなすことができる (わが国の首長制を「半大統領制」と性格づける見解もある)。

[1] 長の拒否権・議会の再議等

　地方自治法176条および177条により、長が、議会の議決または選挙に対して拒否権を行使し、議会に再議決または再選挙を求める制度が定められている。この拒否権には、次のように一般的拒否権と特別的拒否権とがあり、前者の拒否権は長が議会の議決について異議がある場合に必ず行使しなければならないというものではないが、後者の拒否権は所定の要件が満たされた場合には必ず行使しなければならないものであって、長にとり、議会の再議・再選挙に付すことは義務的である。

(1) 一般的拒否権

　議会の議決について異議があるとき、長は、地方自治法に特別の定めがある場合を除いて、その議決の日 (条例の制定もしくは改廃または予算に関する

議決については、その送付を受けた日）から10日以内に理由を示してこれを再議に付すことができる（176条1項）。議会が、過半数の同意により、再議に付された議決と同じ議決を行ったときは、その議決は確定するが、条例の制定・改廃、予算に関する議決については、同じ議決による確定のためには、出席議員の3分の2以上の同意が必要である（同条2項・3項）。同意が得られない場合、当該議案は廃案となる。この一般的拒否権の対象は、条例または予算にかかる議決から、平成24（2012）年の地方自治法改正によって、議会の議決一般へと拡大されている。

(2) 特別的拒否権

　議会の議決または選挙がその権限を超えまたは法令もしくは会議規則に違反すると認めるときは、長は、理由を示して議会の再議に付しまたは再選挙を行わせなければならない（176条4項）。再議等に付すことは義務付けられているが、再議等に付すべき期限は定められていない。長による議会統制の手段であるとともに、議会の議決等の適法性を確保するための地方公共団体の内部的統制制度でもある。議会の再議等がなお越権または違法であると認めるときは、知事は総務大臣に、市町村長は知事に審査を申し立てることができる（同条5項）。総務大臣または知事は、審査の結果裁定をし、この裁定に不服があるときは、議会または長は、裁定のあった日から60日以内に出訴できる（同条6項・7項）。行政事件訴訟法上の機関訴訟（行訴6条）の一種である。

　特別的拒否権は、さらに、議会において、法令により負担する経費（例えば、一級河川の管理に要する費用について、河60条1項に基づき都道府県が負担する経費）、法律の規定に基づき当該行政庁の職権により命ずる経費（例えば、河63条1項に基づき都府県が負担する経費）その他の地方公共団体の義務に属する経費（例えば、公債費、契約代金、弁償金）を削除しまたは減額する議決がなされたときは、長は、その経費およびこれに伴う収入について必ずこの権限を行使する必要がある（177条1項1号）。議会がなお削除等の議決をしたときは、長は、その経費およびこれに伴う収入を予算に計上してその経費を支出することができる。原案執行と呼ばれる（同条2項）。

　加えて、特別的拒否権の行使は、非常災害対策経費、感染症予防経費の削除・減額の議決に対しても義務付けられているが、この場合に議会が再

議の結果なお削除等の議決をしたときは、長はその議決を不信任議決とみなすことができる（177条1項2号・3項。ただし、この場合は過半数の再議決による不信任議決という扱いになる。178条3項参照）。

┃コラム┃　拒否権行使をめぐる機関訴訟

　長の特別的拒否権・特別的再議請求権が行使され、それが地方自治法176条7項に規定する機関訴訟に至った例として、名古屋市議会における2件の議決をめぐる動きを挙げておく。2件の議決のうち1件は、「名古屋市公開事業審査の実施に関する条例」を市長が再議に付した事案である。再議議決に対して市長は、同条5項に基づいて愛知県知事に審査を申し立て、同条例は、「市長が事業審査の対象とする事務事業を定めようとするときは、議会の意見を聴取するものとする」（3条3項）と規定するなど、内容的に市議会の権限を超え、市長の権限を拘束・侵害するものであると主張した。自治紛争処理委員の審理（255条の5）を経て知事による棄却裁定が行われたため、市長が市議会を被告として（176条8項参照）議会の議決の取消しを求めて出訴したものである。名古屋地判平成24・1・19〈LEX/DB25480179〉は、本件条例の対象事務は地域における事務に当たり、法令に違反しない限り条例の制定は可能であるとして、市長による請求を棄却している。もう1件は、「名古屋市中期戦略ビジョンの策定について」と題する市長提出の議案を市議会が修正の上議決したことにかかわる。市長は23箇所の修正が議会の権限を越えるものであるとして議決を特別的再議に付したが、議会は同一内容の再議決を行った。そこで市長が知事の裁定を求めた事案である。市長は、修正議決では「地域委員会」が「地域主体のまちづくり」に、「冷暖房のいらないまち」が「冷暖房のみにたよらないまち」に修正され、地域委員会に関する成果目標が削除されるなど、修正議決は、長の事務管理執行権に基づく総合計画の策定権を損ない、地方自治法96条2項およびこれに基づく市議決条例2条1号の規定によって市議会に総合計画の議決権限を付与した趣旨を逸脱するものであると主張した。知事による棄却裁定が行われたため市長が出訴に及んだが、名古屋地判平成24・1・19〈LEX/DB25480180〉は、①総合計画に定める施策の基本的

方向性を変更する修正は許されない、②総合計画は市長による事務事業の執行を個別具体的に拘束するものではなく、市長の事務の管理執行に係る個別具体的な内容の修正は許されるし、単なる修辞的な修正も許される、として、請求を棄却している。以上2件は、後述の専決処分の問題等と同様、議会（員）活動の活性化、議会の権限強化という地方自治を取り巻く最近の流れの中で、議会と長の権限配分をどう捉えるかという課題とも密接にかかわっている。

[2] 長に対する不信任議決と長の対応

　長と議会の修復困難な対立局面への対処方法として、議会には、議員数の3分の2以上の議員が出席し、その4分の3以上の議員の同意をもって、長の不信任の議決をすることが認められている（178条1項・3項）。この場合、不信任議決の通知を受けた日から10日以内に、長は議会を解散することができる（同条1項）。長と議会議員の双方が共に直接住民によって選出されるところから、最終的には住民の意思による問題解決に委ねることとされているのである。不信任議決の内容的要件については定められておらず（理由に制限はなく）、議会の政治的判断に委ねられている（この点は国政における内閣不信任決議と同様である。なお、地方自治法上は、信任決議案の否決による議会解散〔憲69条参照〕は認められていない）。議会を解散しない場合、長は失職する。また、議会解散後初めて招集された議会において再度不信任議決がなされた場合も、長は失職する。再度の不信任議決による失職についても、3分の2以上の議員の出席は要するが、同意については議員数の過半数で足りる（178条2項・3項）。

[3] 長の専決処分

　長の専決処分とは、議会が議決・決定すべき事件を長が代わって処分する制度のことをいい、これに法律の規定による「法定代理的専決処分」と議会の委任による「任意代理的専決処分」とがある。

(1) 法定代理的専決処分

　①議会が成立しないとき、②地方自治法113条ただし書（定足数の特例）の

場合においてなお会議を開くことができないとき、③特に緊急を要するため議会を招集する時間的余裕がないことが明らかであると認めるとき（実際にはこの事由によるケースが多いとされる）、または④議会において議決・決定すべき事件を議決・決定しないとき（天変地異の場合など）は、長はその議決・決定すべき事件を処分することができる（179 条 1 項・2 項）。予算、条例関連で専決処分が多くみられるようである。ただこの制度の運用に関しては、長による専決処分権の濫用を避けるべく要件の解釈には厳格さが求められ、例えば「議決すべき事件を議決しないとき」については、議決を欠く事態が直ちにこれに当たると解すべきではなく、長にとって議会の議決を得ることが社会通念上不可能ないしこれに準ずる程度に困難と認められる場合に限定すべきである、とする裁判例がみられる（東京高判平成 25・8・29 判時 2206 号 76 頁）。長が専決処分を行った場合、長は次の議会に報告し、議会の承認を求めなければならない（同条 3 項）。議会の承認が得られない場合、専決処分の効力に影響はないと解されており、政治責任の問題だけが残ることになる（住民による解職請求〔81 条〕、議会による不信任議決の可能性あり）。一方でこの専決処分に関しては、平成 22（2010）年に鹿児島県阿久根市長がこれを濫発して市政の混乱を招いたことを受けて、平成 24（2012）年の地方自治法改正により、専決処分の対象から副知事または副市町村長の選任の同意が除かれ（179 条 1 項ただし書。なお、その後、指定都市の総合区長の選任に対する同意についても対象から除外される措置が、同ただし書の中で講ぜられている）、同時に、条例または予算に関する専決処分を議会が不承認としたときは、長は速やかに必要と認める措置（条例改正案、補正予算案の提出等）を講じ、その旨を議会に報告することが義務付けられた（同条 4 項）。

(2) 任意代理的専決処分

議会の権限に属する軽易な事項で、その議決により特に指定されたものは、長が専決処分することができる（180 条 1 項）。議会の委任による専決処分（委任専決）の制度であり、法令改正に伴う機械的な条例改正の場合などに用いられているが、議会による慎重な審議・議決の例外を設けるという性格からするならば、委任にかかる議会の議決は限定的に行われるべきことが求められるし、議会における選挙など議会自身が処理すべき事項は、委任による専決処分の対象とはならないものと解される。専決処分をした

ときは、長は議会に報告しなければならない（同条2項。議会の了解を得ている処分のため、議会の承認は求められてはいない）。

▌コラム▌　任意代理的専決処分

　この制度に関する訴訟の1つに、東京都とA社が平成3（1991）年にそれぞれ所有する土地の交換契約を結び、さらにA社が交換後の土地の一部をB社に譲渡したところ、交換にかかる土地が有害物質に汚染されたものであるとしてA社およびB社から東京都に対して妨害排除請求訴訟が提起され、平成10（1998）年に、両社が当該土地を都に譲渡し、都が両社に85億円を支払うことで和解が成立した、という事件をめぐる住民訴訟がある。本件の和解は、都が応訴した事件についてする和解は知事の専決処分にすることができる、という内容を含む昭和39（1964）年の都議会の議決により、都知事が専決処分したものであった。都民からは、本件の和解金の支出は必要な都議会の議決を欠く違法なものであるとして、都知事に対し和解金相当額の損害賠償を求める住民訴訟（当時の242条の2第1項4号に基づく「代位訴訟」）が提起された。東京高判平成13・8・27判時1764号56頁は、「法180条1項が、特に軽易な事項に限って長の専決処分にゆだねることができる旨を規定していることからすると、およそ訴訟上の和解のすべてを無制限に知事の専決処分とすることは法の許容するところではないというべきであり、このような議決がされた場合には、議会にゆだねられた裁量権の範囲を逸脱するものとして、違法の評価を受けるものというべきであ」って、本件における議決は違法・無効であると判示しつつ、長の責任については、「少なくとも、議会の議決が一義的明白に違法であるような場合には、そのような議決を執行した長にも損害賠償の責任が生ずるものというべきである」と述べ、「本件議決から本件和解までの約34年間にわたって、都が応訴する訴訟事件に係る和解を知事が専決処分としてきた」ことにつき、都議会、歴代知事、住民等から疑義が出たことはうかがわれないなどとして、本件議決が一義的明白に違法であるということは困難であると認め、一審に続き請求を棄却した（最決平成14・6・14〈LEX/DB28101353〉は上告不受理）。このような考え方に対しては、議会の議決に対する長の違法

性審査義務を一層重視すべしとする見解もある。なお、平成13 (2001) 年には、都知事の専決処分の対象は、都が応訴した事件であって、その目的の価額が3,000万円以下のものについてする和解に改められている。

3　長以外の執行機関（委員会および委員）

　地方自治法は、執行機関多元主義の下、長以外に執行機関として「法律の定めるところにより、委員会又は委員を置く」（138条の4第1項）こととしている。法律が地方公共団体に必ず設置すべき機関を定める「必置規制」（必置の職員等も含め、福祉分野に多く、自治組織権、分権改革の観点から、しばしば問題とされる）の一種であり、また条例をもって委員会または委員を設置することは認められないと一般に解されている。ただし、かような執行機関の必置規制に関しては、執行機関の設置が地方公共団体の基本的組織にかかわることであるとしても、「地方自治の本旨」からみて、委員会という組織構成のみを国家法で定め、具体的な設置は地方公共団体に委ねる方がより適切であるとの提言も行われてきてはいる。必置機関としての委員会および委員は、目下のところ次のとおりである。

① 　都道府県および市町村が共通に置かなければならないもの（180条の5第1項）

　　　教育委員会、選挙管理委員会、人事委員会または公平委員会、監査委員
② 　①に加えて都道府県に置かなければならないもの（同条2項）

　　　公安委員会、労働委員会、収用委員会、海区漁業調整委員会、内水面漁場管理委員会
③ 　①に加えて市町村に置かなければならないもの（同条3項）

　　　農業委員会、固定資産評価審査委員会

　以上の委員会および委員は、既に述べたように、長の総合調整権（138条の3第3項）、長の排他的権限（180条の6）などの制約に服するものの、長の所轄の下に、基本的には長から独立して所掌事務を管理執行する、という

点で共通する（委員に身分保障がある点も共通している〔184条の2・197条の2等〕）。ただ、どういう目的で設置されるかは単一ではなく、設置理由は概ね3種に大別される。1つは、政治的中立性の確保であり、教育委員会、選挙管理委員会、人事委員会（公平委員会）、監査委員および公安委員会は、この理由に基づくものである。2つは、専門技術的知見・判断の必要性であり、この理由によるものとしては、収用委員会および固定資産評価審査委員会がある。3つは、利害関係人の参加を通じた調整・裁定であり、この理由によるものとしては、労働委員会、海区漁業調整委員会、内水面漁場管理委員会および農業委員会が挙げられる。

　委員会または委員の組織、所掌事務については、それが地方自治法上に詳しく定められている場合もある（選挙管理委員会について181～194条。監査委員について195～202条。なお、監査委員は財務監査を行うほか、行政監査をも担当することができ〔199条1項・2項〕、行政を監視する上で重要な役割を担うことから、平成29〔2017〕年改正により、監査の実効性強化を目的として、合議による監査基準の策定が義務付けられ、勧告・公表の制度、監査専門委員の制度が導入されている〔198条の4、199条11項・12項、200条の2〕。さらには、議選監査委員を選任しないことも可能とされ〔196条1項ただし書〕、これをうけ大阪府のように議員枠を廃止する条例も現れている）。一方で、組織等の詳細は個別法（例えば地公、警、労組）により定められ、地方自治法上には概括的な規定のみが置かれている場合もある（例えば教育委員会については、その事務につき180条の8が、「学校その他の教育機関を管理し、学校の組織編成、教育課程、教科書その他の教材の取扱及び教育職員の身分取扱に関する事務を行い、並びに社会教育その他教育、学術及び文化に関する事務を管理し及びこれを執行する」と定め、詳細は地方教育行政の組織及び運営に関する法律が定めている。なお、この教育委員会については、平成26〔2014〕年の同法改正により一定の制度改変が行われており、注目される。すなわち、平成23〔2011〕年の大津市立中学校でのいじめ事件における教育委員会の対応を契機に、レイマン・コントロールのあり方、教育委員会による教育長の任命制度、長と教育委員会の関係などが問題とされ、同法改正後は、①教育長は長が議会同意を得て任免し〔4条・7条〕、②教育長は教育委員会を代表し〔13条〕、③長は、長および教育委員会を構成員とする総合教育会議を設け、教育、学術および文化の振興に関する総合的な施策の大綱を総合教育会議と協議して定める〔1条の3・4〕、などの制度的見直しが行われた）。

コラム 委員報酬の月額制

　非常勤の委員会委員の報酬につき、地方自治法 203 条の 2 第 2 項は、勤務日数に応じて支給する日額制（日割制）を原則とし、「ただし、条例で特別の定めをした場合は、この限りでない」と規定する。この点をめぐり、最判平成 23・12・15 民集 65 巻 9 号 3393 頁は、「滋賀県特別職の職員の給与等に関する条例」が選挙管理委員会の委員について月額制をとっていることが、同項に違反し、違法・無効であるとして報酬支給の差止めが求められた事件（住民訴訟）に関し、「日額報酬制以外の報酬制度を採る条例の規定が法 203 条の 2 第 2 項に違反し違法、無効となるか」については、「議会の裁量権の性質に鑑みると、当該非常勤職員の職務の性質、内容、職責や勤務の態様、負担等の諸般の事情を総合考慮して、当該規定の内容が同項の趣旨に照らした合理性の観点から上記裁量権の範囲を超え又はこれを濫用するものであるか否かによって判断すべき」であるとし、一定の水準の適正を備えた人材の一定数の確保が必要であり、登庁日以外にも相応の実質的な勤務が必要となること等を考慮すると、県議会の判断に裁量権の踰越・濫用があるとは認められないと判示している。判示のとおり、委員の勤務態様等の多様性から日額制か否かについては議会の立法的裁量に委ねなければならないとしても、裁判所の審査密度の観点からは、さらに、日額制か否かにかかわらず、当該地方公共団体の財政状況等から報酬総額が妥当か（例えば本件の場合は月額 20 万 2 千円、後に改められて 17 万 8 千円が妥当か）、等も要考慮事項とはなろう。もっとも、この事件等が契機となり、その後月額制を日額制に改めた地方公共団体が多数みられる。

4　附属機関等

　地方公共団体は、法律または条例の定めるところにより、執行機関の附属機関として自治紛争処理委員、審査会、審議会、調査会その他の調停、審

査、諮問または調査のための機関を置くことができる（138条の4第3項、202条の3第1項参照）。ここに附属機関とは、行政庁として地方公共団体の意思を決定・表示する権限を有する執行機関とは異なり、主に執行機関に対し意見具申等を行う行政機関を指す（とはいっても附属機関の態様は一律ではなく、なかには、建築審査会〔建基78条1項〕、開発審査会〔都計78条1項〕のように、審査請求に対する裁決権を与えられたものもある）。そこで、このような機能に照らし、法律に基づき設置される場合の外、地方公共団体が任意に設置することも認められている。ただし、任意の設置には条例によることが必要である。実際に、行政への住民の意見の反映、行政への専門技術的知見の導入、公平・中立な判断の必要などの理由から、附属機関を設けることは地方公共団体において広く行われているが、その一方で、このような法律または条例設置のいわば正式の附属機関に加えて、同種の機能を営む合議制機関が、法律、条例を根拠とすることなく、内規たる要綱等により「私的諮問機関」として設けられる例も数多く見受けられるところである（懇談会や懇話会などの名称が付されることが多い。国の場合に、法律または政令によることなく、要綱等により正式の審議会等に相当する合議制機関が私的諮問機関として設置されているのと同様の現象である。内閣府37条・54条、行組8条参照）。「私的」とはいいながら、正式の附属機関と同じく公的な（しかも場合によっては正式の附属機関を上回る大きな）役割が期待され、実際に委員の報酬に公金が支出されていることなどから、私的諮問機関設置の実態には再検討の余地を否定しえない。加えて、正式の附属機関であるか、私的諮問機関であるかを問わず、しばしば委員任命の妥当性が問われ、「行政の隠れ蓑」化が指摘されていることにも、留意することが必要である。

　附属機関は、政令で定める執行機関には設けることができないと規定され（138条の4第3項ただし書）、かつては公安委員会がこれに該当していたが、平成12（2000）年の地方自治法施行令121条の4改正後は、これに該当する執行機関はない。附属機関を組織する委員その他の構成員は非常勤であり、その庶務はそれが属する執行機関が掌るのが原則である（202条の3第2項・3項）。

　なお、地域自治区に置かれ、市町村長等により諮問された事項や自ら必要と認めた事項について審議し、市町村長等に意見を述べることができる

地域協議会も、附属機関の性格を有するとみてよい（202 条の 5〜202 条の 8）。さらに、長の補助機関として先に触れた専門委員（174 条）も、多くの附属機関と異なり独（単）任制ではあるが、附属機関類似の機能をもつ機関とみなすことができる。

知識を確認しよう

【問題】

(1) 地方自治法上の「執行機関」の意義、長と委員会・委員の関係について説明しなさい。

(2) 二元代表制の下での長と議会の関係について説明しなさい。

(3) 附属機関の意義・役割について説明しなさい。

【指針】

(1) 行政法学上の「執行機関」概念との異同、執行機関多元主義が採用されている理由、長の所轄権、長の排他的権限などの観点から考えなさい。

(2) 二元代表制と議院内閣制、長の拒否権、長に対する不信任議決、長による専決処分等の問題を、事例をも踏まえながら考えなさい。

(3) 「私的諮問機関」が多数設置されている実態とも関連させながら考えなさい。

第9章 地方公共団体の立法

本章のポイント

1. 分権改革に伴う地方自治法改正（平成11〔1999〕年）により、従前の機関委任事務の多くが自治事務化され、条例制定権の量的拡大が図られたが、なおも質的には、条例制定権の事項的限界の問題は存在し、全国画一的な規制を要する事項等についての検討が必要である。

2. 条例と憲法の関係をめぐっては、とりわけ、条例による財産権規制、条例による罰則、条例による課税、の問題が取り上げられてきたが、今日では、論者による理由付けは異なるとはいえ、いずれも憲法に反するものではないと考えられている。

3. 条例と法律（法令）の関係をめぐっては、徳島市公安条例事件最高裁判決などを通じて、かつての法律先（専）占論は勢いを失い、地域の実情に即した政策等の実現手段として条例を捉え、法律に対する条例制定権の拡充を模索する傾向がうかがえる。

1 自治（自主）立法権

　憲法94条は、同92条が定める「地方自治の本旨」を構成する「団体自治」の理念の核心部分として、地方公共団体の権能を概括的に示し、その中で地方公共団体が「条例を制定することができる」ことを規定している。ここに「条例」には、議会の議決により制定される条例のほか、長等により制定される規則等も含まれるものと一般に解されており、わが国では既に憲法上に、条例および規則等の定立という自治（自主）立法権が保障をみていることになる（すなわち、14条1項、15条1項および138条の4第2項は、自治立法権の確認規定であって、創設規定ではないことを意味しよう）。そして現実にも、憲法、法律、国の行政機関が定める政令、府令、省令等の命令と並び、このような自治立法権に基づく条例および規則等が、地方自治法の法源として極めて重要な役割を演じているのである。

2 条例と規則等

A 条例

[1] 条例の制定手続等

　地方公共団体の自主法の中心たる条例（そもそも、地方公共団体の「条例」制定権は、わが国における近代的地方制度構築の先駆けとされる法律「市制町村制」〔1888年制定〕の中に定められた「條例」〔市制10条、町村制10条〕に原型を見出すことができるといわれる）は、長（149条1号。なお、12条1項および74条参照）、議員（112条1項。ただし、議員定数の12分の1以上の者の賛成が必要。同条2項）または議会の委員会（109条6項）が議会に提案し、議会の議決により成立する（96条1項1号）。実際には、国において法律案に占める内閣提出法案の割合が高いのと同様、長によって条例案が提案される場合が圧倒的に多く、しかも議会による修正・否決がないケースがほとんどである。ただし、都道府県における支庁および地方事務所の設置、市町村における支所または出張所の

設置に関する条例案等については、提案権は長に専属し（155条1・2項、156条、158条）、議会における委員会の設置に関する条例案（109条1項）等の場合は、提案権は議会側に専属している。

　条例に関する議事は原則として「出席議員の過半数」で決せられ（116条1項。4条3項、244条の2第2項をも参照）、条例の制定・改廃の議決があったときは、その日から3日以内に議会の議長がこれを長に送付しなければならず（16条1項）、送付を受けた長は、再議その他の措置を講じた場合（176条）を除き、送付を受けた日から20日以内にこれを公布しなければならない（16条2項）。公布に必要な事項は条例（公告式条例）に定められ（同条4項）、「公報」によって公布される例が多いが、庁舎前の掲示の方法もとられている。条例は、条例に特別の定めがある場合を除き、公布の日から起算して10日を経過した日から施行される（同条3項）。条例中の個別の規定について、施行日とは別に適用時期が定められることもある。

[2] 委任条例と自主条例

　条例は、国会の制定する法律との関係から、委任条例（法定事務条例、法律規定条例とも称される）と自主条例（固有条例とも称される）とに分たれる。前者は、法律の委任に基づいて地方公共団体が条例を制定する場合であり、例えば、旅館業法4条2項が営業施設の衛生に必要な措置の基準について「都道府県が条例で」定めることを規定し、都道府県がこれをうけ同法施行条例を制定して当該基準を定める例や、感染症の予防及び感染症の患者に対する医療に関する法律が、24条1項において、各保健所に感染症の診査に関する協議会を置くことを定めるとともに、同条6項において「この法律に規定するもののほか、協議会に関し必要な事項は、条例で定める」こととしているのをうけて、感染症診査協議会条例が制定される、などの例がある（「基本法」と条例の関係については、別の見方が可能である）。地方公共団体の議会の国会に準ずる性格からみて、法律による条例への委任にあっては、法律によって国の行政権が制定する命令へと委任する場合に比し、委任の具体性についてはより緩やかなもので足りよう（地域の実情に則した条例の自由度の尊重という視角からは、むしろそうであることが望ましいとさえいえよう）。これに対して後者の自主条例は、地方公共団体の事務の範囲内で、法律か

らは独立して制定される条例をいう。

近年は、地方分権推進の一環として、かつての機関委任事務の多く（400件程度）が自治事務化されたこともあり、また地方の政策を実現するための条例作成能力が向上したことも手伝って、自主条例制定の動きが活発となってきており、朝ごはん条例、乾杯条例、食べ歩き自粛条例等のいわゆる「ご当地条例」やハラスメント防止条例、手話言語条例、エスカレーターの安全利用に関する条例などの先導的条例の制定が各地にみられるほか、「自治基本条例」や「議会基本条例」を制定する動きが徐々に全国的広がりをみせるようになってきている点が、注目される（ただ、自治事務が範囲的に拡張をみたとはいえ、相変わらず法令による規律が多いという問題は残されてはいる）。

自治基本条例は、自治推進条例ともいうべき条例であり、バリエーションはあるものの一応は、地方自治の（議会を含め地方自治を総合的に対象としたものが主流ではあるが、例えば北海道条例のように、対象を行政に限定したものもみられる）運営スタイルの基本を定める条例と捉えることができ、政策・施策のビジョンや中身を定める総合計画や個別の政策条例とは区別される。また、比較的理念条例的性格が強く、そこで、情報公開条例、住民投票条例等の個別的な関連条例や審議会委員の公募等に関するガイドラインなどによって、規定内容の具体化が図られることが多い。一般に、住民による「参画」（住民が自発的かつ主体的に地方公共団体の政策等の企画・立案、実施、評価、改善〔PDCA〕の各段階に関与することを意味することが多い）と「協働」（住民と地方公共団体の機関とが、それぞれに果たすべき役割と責務を自覚し、互いの立場および特性を尊重しながら協力して共に行動することを意味することが多い）を基本的理念として盛り込んでおり、またこのような自治基本条例は、地方公共団体における自治の「最高規範」と位置付けられることが多い。条例の住民への浸透を目指して、さらには関連条例等の段階で正確・厳密さを確保することをも想定して、法文作成ではほとんど採用されることのない「です・ます調」を採用した秋田県潟上市条例（平成 24〔2012〕年）のような工夫を凝らした例もみられる。平成 12（2000）年制定の北海道の「ニセコ町まちづくり基本条例」（平成 17〔2005〕年改正までは議会に関する規定なし）を皮切りとして、NPO 法人公共政策研究所の調べによると（同研究所ウェブサイト）、令和 5（2023）年 4 月現在ですでに 400 を超える地方公共団体が制定している（た

だし、広域的地方公共団体の場合、制定しているのは極く少数に止まっている）。

　議会基本条例は、議会運営に関する基本的事項を定める条例であって、既に自治基本条例中に議会運営の基本（中の基本）に関する定めを置いている場合は、議会基本条例は自治基本条例の関連条例とも位置付けられうる。地方分権（や地域主権）が盛んに叫ばれるなか、二元代表制とはいっても長の動きばかりに注目が集中し、議会や議員の存在感が薄いという現実の下で、近年、議会の活性化、議会改革を前に進める拠り所として制定が進んできている条例である。平成18（2006）年の北海道栗山町の条例を嚆矢として、自治体議会改革フォーラムの調べでは（同フォーラムウェブサイト）、令和4（2022）年4月現在で、965の地方公共団体で制定されているとされる。三重県条例（平成18〔2006〕年）を皮切りとして、広域的地方公共団体や指定都市レベルでも自治基本条例に比し制定数が多いというのが実情である。各条例の規定項目・内容は一様ではないが、各条例からは、例えば、議員相互間の自由討議の拡充等に向け、議会・議員活動の基本となる会期を通年としたり、住民との情報・意見交換のために議会主催の議会報告会や一般会議の制度を設けたり、議論の深化を目指し、執行機関との関係で一括質問・一括答弁方式にかえて一問一答方式を採用したり、論点・争点の明確化、議事進行の円滑化に仕えるよう長等に反問権を付与したり、地方自治法で禁止されてはいないとして附属機関の設置を定めたりと、特徴ある規定内容が読み取れる。

[3] 条例制定権の範囲

　地方自治法14条1項は、普通地方公共団体は「第2条第2項の事務に関し」条例を制定できると規定する。ここに「第2条第2項の事務」とは、「地域における事務及びその他の事務で法律又はこれに基づく政令により処理することとされるもの」ということになるが、後段の「その他の事務で……処理することとされるもの」とは、北方領土問題等の解決の促進のための特別措置に関する法律11条に基づき、根室市によって処理される北方領土に本籍を有する者に係る戸籍事務など、普通地方公共団体が国の統治機構の一部に組み込まれる必要のある特殊な局面における事務を指し、したがって同法2条2項の事務の主流、すなわち条例にとっての主な規律

対象は、前段の「地域における事務」ということになる。ここでの「地域における事務」には、自治事務は勿論、法定受託事務も含まれ（2条8項）、普通地方公共団体は、住民生活の豊かさの維持、向上のため広く地域の事務に関し条例を制定することができることになる。この点、分権改革に伴う平成11（1999）年の地方自治法改正前に存在した機関委任事務は、国の事務であったために原則として条例の規律対象とはされていなかったが、改正後はその機関委任事務が廃止され、一部（686件中398件）は自治事務化され、一部（同じく257件）は法定受託事務という地方公共団体の事務へと再編されて、いずれの場合も条例の規律対象となったため、これにより条例制定権は範囲的には相当な量的拡大をみることとなったのである（この点、ドイツでは、自由・財産を侵害する条例には、州法の留保が及ぶとされている点が、興味深い）。

　しかし他方で、条例制定権の及ばない事項も存在する。

　1つは、性質上ないし条理上全国画一的・統一的な規制を必要とし、したがって法律の専管に属するものと解されている事項についてである（1条の2第2項参照）。具体例としては、外交・防衛に関する事項、権利能力・行為能力等の私法的秩序に関する事項、刑事犯（自然犯）の創設に関する事項、経済取引規制に関する事項、社会保障に関する事項などがよく挙げられる。これらの事項は概ね妥当と考えられるし、これ以外にも、淫行の禁止と処罰や児童虐待防止などを国法による規制の方がより適切な事項の例として加えることができよう。しかしながら、例えば、ローカル・イニシアティブの視点からは前掲の外交のすべてが国（法律）の専管事項とはいえぬであろうし、同じく取引規制についても、地域の乱開発の防止のためにする条例による土地取引規制等を、地方公共団体にとり必要・適当な対策として評価する向きもある（これにつき、土地基13条参照）。なお、憲法上の規定により、法律によって規律されるべきことが定められている事項の扱いについては、「憲法と条例」の箇所（後述3節A）で取り上げる。

　2つは、普通地方公共団体の事務ではあっても、長その他の執行機関の専管的立法権限に属する事項については、条例制定権の範囲外に置かれている。長の職務を代理する上席の職員を普通地方公共団体の規則で定める場合（152条3項）、長の直近下位以外の内部組織について規則で定める場合

(158条1項)、人事委員会または公平委員会がその議事に関し、地方公務員
法が規定する以外の事項を定める場合（同法11条5項）などがあり、これら
の場合は規則（または規程）という立法形式が専管するところとなる。

[4] 必要的条例事項

　地方自治法は、条例制定権が及ぶ事務のうち、その重要性等に鑑み、一
定事項については条例で規定しなければならないこととしている。すなわ
ち、自治立法の形式のうち、議会の議決により制定する条例の形式によら
なければならず、長その他の執行機関が制定する規則・規程の形式をとる
ことができない事項を指定しているところであり、それら事項は「必要的
条例事項」と呼ばれる。この必要的条例事項には、①包括的に定められた
義務賦課・権利制限事項、②個別的条例事項の2種がある。

　①義務賦課・権利制限事項につき同法14条2項は、「普通地方公共団体
は、義務を課し、又は権利を制限するには、法令に特別の定めがある場合
を除くほか、条例によらなければならない」と規定する。平成11（1999）年
地方分権一括法による改正前の地方自治（旧）14条2項は、「普通地方公
共団体は、行政事務の処理に関しては、法令に特別の定があるものを除く
外、条例でこれを定めなければならない」と規定し、行政事務（＝権力的規
制事務）条例主義を定めていたのであるが、同改正により旧来の事務の3区
分（公共事務、団体委任事務、行政事務）が廃止されたのに伴い、旧規定の趣旨
を継承するものとして今日のように定められることとなったものである。
国の行政において、政令や府令・省令には、法律の委任がなければ義務を
課し、権利を制限する規定を設けることができない（内11条、内閣府7条4
項、行組12条3項）のと同様、地方公共団体の行政においても、義務賦課・
権利制限事項については住民代表議会の議決を経ることが求められている
のである。なお、義務賦課・権利制限の名宛人を「住民」としていないの
は、条例の効力に関する属地主義によったためと考えられる。

　②個別的条例事項とは、地方自治法が必ず条例で規定しなければならな
い旨を個別に定めている事項を指す。都道府県以外の地方公共団体の名称
の変更（3条3項）、地方公共団体の事務所の位置を定めまたは変更すること
（4条1項）、長の署名、施行期日の特例その他条例の公布に関し必要な事項

（16条4項）、都道府県・市町村の議会の議員の定数（90条1項、91条1項）、附属機関の設置（138条の4第3項）、議員報酬、費用弁償および期末手当の額ならびにその支給方法（203条4項）、公の施設の設置および管理に関する事項（244条の2第1項）等である。さらに同種のものとして、地方自治法以外の法律により、条例形式が義務付けられているケースも数多くみられ、教育委員会の組織（教育行政3条）、警視庁および道府県警察本部の内部組織（警47条4項）、職員の懲戒の手続および効果（地公29条4項）などの事項がこれにあたる。

■コラム■　必要的条例事項と侵害留保説

　上述の地方自治法14条2項は、「法律の留保」問題をめぐるいわゆる侵害留保説を実定法化した規定であるといわれる。ここに侵害留保説とは、そもそも行政法学が、「法律による行政の原理」の一環を成し、行政機関は議会の定める法律（条例を含む）の根拠なしに活動することはできない、という意味内容をもつ「法律の留保」原則の妥当範囲を画そうとするに際しての従来の伝統的学説を指し、この考え方によると、行政機関が権力的に私人の権利や自由を制限したり、新たに義務を課す行政活動（侵害行政）についてのみ法律の根拠が必要なのであり、私人に対する授益的な行政活動や非権力的な行政活動に法律の根拠は不要であると説かれる。そして、この考え方の反映が同法14条2項であり、内閣法11条等であるとされる訳である。この点、今日でも行政実務は侵害留保説によっているともいわれるが、学説上は同説をもってしては「法律の留保」原則の適用範囲が狭きに失するのではないかという指摘もみられ、侵益・授益を問わず行政活動が権力的行為形式による場合に拡げて法律の根拠が必要であると説く立場（権力留保説）、あるいは、ドイツの判例理論の示唆の下に、行政活動のうち重要な（本質的な）事項については立法府の関与が必要であると説く立場（重要事項留保説ないし本質性理論）なども有力となりつつある。この様な理論状況を踏まえると、同法14条2項は、条例形式化を最小限義務付けたものと捉えることも強ち不当とはいえず、進んで同法14条2項をめぐる立法政策については再検討の余地も生じよう。ただし、本文に述べた必要的条例事

項を全体として捉えるならば、地方自治法上の個別的条例事項の中には、義務賦課・権利制限事項に該当せずとも条例形式の義務付けがなされているものも相当数みられ（例えば3条3項、204条の2）、同種の個別法律の存在も合わせ考えると、現実のわが国立法は、もはや侵害留保説の枠内に止まってはいないものとみなされよう。

[5] 条例と罰則

　条例中には、条例違反者に対して、2年以下の懲役もしくは禁錮、100万円以下の罰金、拘留、科料もしくは没収の刑または5万円以下の過料を科す旨の規定を設けることができる（14条3項。刑法の一部を改正する法律の施行に伴う関係法律の整理等に関する法律〔令和4年法律第68号〕により「懲役若しくは禁錮」は「拘禁刑」へと改正）。条例の実効性を確保するための措置であり、このように義務違反に対して制裁を科すことが一般的な形で認められているのは、条例が地方議会の議決による民主的立法であることに基づく。地方自治法14条3項が定める各種罰則（行政罰）のうち過料以外のものは、いずれも刑法に刑名があって「行政刑罰」と呼ばれ、原則として刑法総則の適用があり、刑事訴訟法の定める手続によって科される。これに対し過料は、「行政上の秩序罰」と呼ばれ、届出義務違反などの比較的軽微な行政上の秩序違反行為（義務の懈怠）に対して科されるもので、刑法総則および刑事訴訟法の適用はなく、地方公共団体の長が科す行政罰である。ただし、長が過料の処分をしようとする場合においては、相手方に対して予めその旨を告知するとともに、弁明の機会を与えなければならない（255条の3）。過料を納期限までに納付しない者に対しては、長は、督促、地方税の滞納処分の例による強制徴収の手続をとることができる（231条の3）。旧来は、長の規則に違反した場合とは異なり（15条2項参照）、条例違反に対して過料を科すことを認める規定は地方自治法に置かれていなかったが、機関委任事務の廃止に伴い、それまでの規則違反に対する過料との権衡から条例違反に対する過料の制度も認められることとなったものである。なお、過料を科す手続が罰金等の行政刑罰を科す場合のそれに比して簡便なところから、本来行政刑罰を科してしかるべき場合にも過料を科すこととしている

例が少なからず見受けられるとの指摘がなされ、また、強制徴収に要する費用が過料の額を大きく上回ってしまうことから、過料の実効性が疑問視されてもいる。

B　規則等

　地方公共団体の自治 (主) 立法としては、条例のほかに規則等があり、長が定める規則と長以外の執行機関が定める規則その他の規程とがこれに該当する。国レベルに止まらず、地方公共団体においても行政の多様化・複雑化・専門技術化が進行している現実に鑑みると、行政府たる長をはじめとする執行機関 (行政庁) の定立する規則等の必要性、重要性にも高まりが認められる。

[1]　長の規則

　地方自治法15条1項は、「普通地方公共団体の長は、法令に違反しない限りにおいて、その権限に属する事務に関し、規則を制定することができる」と規定している。規則の制定は決裁による。長の「権限に属する事務」の中で、長の規則の専権事項とされている事項 (既に触れた152条3項など) に長の規則制定権が及ぶことは勿論であり、必要的条例事項については条例による委任がなければ長の規則で定めることができないことも言うまでもないことであって、問題は、条例と長の規則との共管事項 (領域) について生ずる。

　この点、国の場合に、議院内閣制の下で行政権が定立する政令、府令、省令等の命令は法律の下位の法源として位置付けられ、そこで命令の制定には法律の委任を要するものと考えられているのとは異なり、二元代表制 (憲93条2項) の地方自治においては、条例と長の規則は並立対等の関係にあるのであって、したがって、条例と長の規則は形式的効力の面で上下関係にはなく、条例の委任がなくとも長は規則を制定しうるものと解するのを、議論の出発点とすべきであろう。その上で条例の規定と規則の規定との間に生ずる矛盾抵触については、①議会の議員も長も、ともに公選による民主的な存在であるとしても、議会は合議制、長は独任制の機関であること、②条例の制定にあっては、長による拒否権の制度が組み込まれてい

ること (176条)、などの理由から、条例優先の解釈がとられてよいであろう。

　原則として、長の規則に違反した者に対しては5万円以下の過料を科す旨の規定を、規則中に設けることができる（15条2項。条例の場合とは異なり、規則の場合には違反に対して行政刑罰を定めることができない点も、上に述べた条例優位の解釈を支持する理由として挙げられることがある）。

[2] 長以外の執行機関の規則その他の規程

　地方自治法138条の4第2項は、「普通地方公共団体の委員会は、法律の定めるところにより、法令又は普通地方公共団体の条例若しくは規則に違反しない限りにおいて、その権限に属する事務に関し、規則その他の規程を定めることができる」と規定する。地方教育行政の組織及び運営に関する法律15条1項に基づく教育委員会規則、地方公務員法8条5項に基づく人事委員会（公平委員会）規則、地方税法436条2項に基づく固定資産評価審査委員会の規程などが、個別法律の根拠に基づく規則等の例であるが、それらの委員会による規則等は、法令は無論のこと、条例や長の規則にも違反することができないことが明確化されている。

3　条例制定権の限界

A　憲法と条例

　日本国憲法は、一定事項については国会による法律の定めに委ねるというスタイルをとっている。10条が「日本国民たる要件は、法律でこれを定める」と規定し、17条が「何人も、公務員の不法行為により、損害を受けたときは、法律の定めるところにより、国又は公共団体にその賠償を求めることができる」と規定し、76条1項が「すべて司法権は、最高裁判所及び法律の定めるところにより設置する下級裁判所に属する」と規定するなど、その例は多い（地方自治にかかわるものとしては、憲92条、93条1・2項、95条が必見である）。このような場合、本来の趣旨は、当該事項については国会以外の国家機関による立法（特に行政機関による立法＝政令等の命令）を排し、国

会の議決による民主的立法によらしめることにあるとみられるが、そこで、そのような場合には同じく条例による定めの対象ともならないのか、が検討課題となる。国会、内閣、裁判所等の国の機関の組織および運営に関する事項や国家賠償請求権のように国民に対する平等な保障が求められる基本権に関する事項など、当然に法律の専管事項とみるべきであって、条例の規律事項とはいい難いものが数多く存在することは否定できないが（前出2節［3］参照）、一方で、以下の［1］～［3］で取り上げる事項の如く、条例で定めることが可能であると解される事項も含まれている（以下の［1］～［3］以外にも、例えば憲26条が定める事項なども、内容によっては条例による規律が可能であるとみてよかろう）。

[1] 条例による財産権の規制

　憲法29条2項は、「財産権の内容は、公共の福祉に適合するやうに、法律でこれを定める」と規定しているところから、条例による財産権規制（例えば建築の規制、開発の規制など）の可否が問題となる。この点、地方分権一括法による改正前の地方自治法が、例えば動産および不動産の使用または収用などにつき「法律の定めるところにより」と定めていたこともあって、法律の授権なしに直接条例で財産権を規制することに否定的な見解もかつてはみられたが、ため池の破壊による災害を防止するために、ため池の堤とうに竹木、農作物を植えるなどの行為を禁止し、違反者に対する罰金刑を定めた「奈良県ため池の保全に関する条例」の違憲性が問われた事件において、最高裁判所は、「ため池の破損、決かいの原因となるため池の堤とうの使用行為は、憲法でも、民法でも適法な財産権の行使として保障されていないものであって、憲法、民法の保障する財産権の行使の埒外にあるものというべく、従って、これらの行為を条例をもって禁止、処罰しても憲法および法律に牴触またはこれを逸脱するものとはいえない」と判示し、財産権を条例で制限することを認めた（最判昭和38・6・26刑集17巻5号521頁）。ただし、条例による財産権規制を可能とする理由およびそれが可能となる範囲についての同裁判所による説明は、明確さを欠いている。他方で学説も、①「財産権の内容」と「財産権の行使」とは区別すべきであり、後者の制限は憲法29条2項が定めるところではなく、条例による制限は可能

である、②前出の奈良県条例のような警察的規制（消極目的規制）ならば、条例による財産権規制が許される、③憲法29条2項の「法律」は議会制定法を意味し、したがって条例をも含むものである、④憲法94条に基づき、地方公共団体も必要な場合には憲法29条2項の例外として条例で財産権規制を行うことができる、など、理由付けは一様ではないものの、条例による財産権規制を認める方向にある。実際にも、土地利用規制のための先駆的条例として、岡山県県土保全条例（昭和48〔1973〕年）がよく知られている。

[2] 罪刑法定主義（法律主義）と条例

　憲法31条は、「何人も、法律の定める手続によらなければ、その生命若しくは自由を奪はれ、又はその他の刑罰を科せられない」と規定しているところ、憲法学上同条の「手続」には刑事手続だけでなく手続の中で適用される刑事実体法も含まれるものと一般に解され、同条においては明治憲法23条と同様、法律主義が定められていることになると捉えられている。そこでここに、条例違反の行為について条例をもって犯罪となし、刑罰を定めることはできないのではないかという問題が生ずる。現に昭和22(1947)年改正前の地方自治法では、条例違反者に対しては「法律の定めるところにより」刑罰を科すことがある旨が定められていたところであった（旧14条2項）。この点に関し、売春防止法制定前に、売春目的で街路その他公の場所において他人を誘う等の行為に対し罰金または拘留に処すべき旨を定めた大阪市「街路等における売春勧誘行為等の取締条例」が憲法31条に反するかが問われた事件において、最高裁判所は、憲法31条は必ずしも刑罰がすべて法律そのもので定められなければならないとするものでないことは同73条6号ただし書によっても明らかであり、法律に類する条例によって刑罰を定める場合には、「法律の授権が相当な程度に具体的であり、限定されておればたりる」のであって、当時の地方自治法は2条3項7号および1号に規定する相当に具体的な内容の事項につき、14条5項のように限定された刑罰の範囲内において条例により罰則を定めることができるとしていることから、相当程度の具体性・限定は確保されており、憲法31条に反するものではないと判示した（最判昭和37・5・30刑集16巻5号577頁）。この（多数意見の）考え方は、委任要件緩和説とも呼ばれ、法律の下で国の

行政機関が政令、省令等の命令により罰則を設ける場合のアナロジーとして展開されているものであって、併せて条例の準法律的性格に着目する点に特徴をもつ。これに対し、条例の準法律的性格を一層強調し、個別的な法律の委任を要せず、法律による包括的委任で足りるとする考え方もみられる。さらには、憲法94条を根拠に、同条がその事務について条例制定権を認めている以上は、条例の実効性を確保する手段として罰則の制定権をも認めているものであると解し、その意味で同条は憲法31条の例外を定めたものであると説く解釈も、特に学説上は有力である（いわゆる憲法直接授権説）。この説によれば、現行地方自治法14条3項は、罰則を定めることを委任する規定ではなく、条例によって定めうる罰則の範囲・程度を限定したものであると把握されることになる。

■■コラム■ 条例による罰則規定の明確性について

　このようにして、条例により罰則を定めること自体は憲法31条の罪刑法定主義（法律主義）に反するものでないということはできても、条例によって定められた罰則規定が明確でないと、住民に対して法的予測可能性を与えることにはつながらず、行動に不安を与え、萎縮効果をもたらすこととなって、別の意味でやはり罪刑法定主義に反するものと評価せざるをえなくなろう（「事後法の禁止」に照らしても同様に考えられよう）。このような前提に立ち、後出（B [2]）の最大判昭和50・9・10刑集29巻8号489頁も、条例を含め「ある刑罰法規があいまい不明確のゆえに憲法31条に違反するものと認めるべきかどうかは、通常の判断能力を有する一般人の理解において、具体的場合に当該行為がその適用を受けるものかどうかの判断を可能ならしめるような基準が読みとれるかどうか」により決定しうると判示しているところである。なお、同判決中に示されたかかる明確性の判断基準自体に対して批判は強くはないものの、同判決が「交通秩序を維持すること」と規定する徳島市公安条例3条3号が犯罪構成要件の内容をなすものとして明確性を欠くとはいえないと判断したことに対しては、疑義も呈せられてはいる。この外、条例による刑罰法規の明確性が問題となった例としては、福岡県青少年保護育成条例10条1項において処罰の対象とされた「淫

行」（最判昭和60・10・23刑集39巻6号413頁は、憲法31条に反するものではないとする）、市長による集会の中止・退去命令に違反した者を懲役または罰金に処する旨を定めた広島市暴走族追放条例において、中止・退去命令を発しうる対象が、社会通念上の暴走族以外の者の行為にも及ぶ文言となっている場合（最判平成19・9・18刑集61巻6号601頁は、条例全体の趣旨、条例施行規則の規定等から、対象を暴走族および類似集団による集会に限定して解釈することができ、憲法31条には違反しないとする）、「一般廃棄物処理計画で定める所定の場所」に置かれた廃棄物のうち、古紙等区長が指定するものについては指定された者以外の者は収集、運搬を行ってはならないこととし、違反者に対して区長が行う禁止命令への違反に対して罰則を定めた世田谷区清掃・リサイクル条例（最決平成20・7・17判時2050号156頁は、不明確な構成要件とはいえないとする）、などがある。以上の様な構成要件の面に限らず、科する刑罰等の面をも含め、条例による罰則規定の解釈と運用につき支障が生じないよう、国の法律（特に閣法）の場合に準じて、条例制定の場合にも検察協議（地方公共団体の法制担当と地方検察庁との間での協議）が重要であると指摘する向きもある。

[3] 条例による課税

　憲法84条は、「あらたに租税を課し、又は現行の租税を変更するには、法律又は法律の定める条件によることを必要とする」と規定し、財政民主主義（憲83条）の下、歳入につき租税法律主義を宣明する（同30条も参照）。そこで地方税について定めることも法律に留保されているのかが問題となる。この点、憲法84条の「租税」には自治体が賦課徴収する地方税も含まれるとの共通認識に立った上で（最大判平成18・3・1民集60巻2号587頁参照）、かつては、①「地方団体は、その地方税の税目、課税客体、課税標準、税率その他賦課徴収について定をするには、当該地方団体の条例によらなければならない」と規定する地方税法3条1項によって（すなわち法律によって）自治体による課税は初めて可能となったと解する立場もみられたが、それに対し今日では、②普通地方公共団体は、「地方自治の本旨に従い、その財産を管理し、事務を処理し、及び行政を執行する権能を有するものであり（憲

法 92 条、94 条)、その本旨に従ってこれらを行うためにはその財源を自ら調達する機能を有することが必要であることからすると、普通地方公共団体は、地方自治の不可欠の要素として、その区域内における当該普通地方公共団体の役務の提供等を受ける個人又は法人に対して国とは別途に課税権の主体となることが憲法上予定されているものと解される」とし（法定外税条例の地方税法違反が問題とされた神奈川県臨時特例企業税事件をめぐる最判平成 25・3・21 民集 67 巻 3 号 438 頁）、あるいは、③憲法 84 条の「法律」には「条例」が含まれるとして、いずれにしても自主課税権は憲法規定から導出が可能であるとする説が多数説となっているといえよう（②および③の立場では、地方税法はいわゆる「枠組み法」あるいは「準則法」として扱われることになる）。

B 法令と条例

　憲法 94 条は、地方公共団体は「法律の範囲内で」条例を制定しうることを定め、地方自治法は、14 条 1 項において、地方公共団体が「法令に違反しない限りにおいて」条例を制定しうることを定めると同時に、2 条 17 項において、法令に違反して制定された条例が無効となる旨を規定している。ここに、「法律の範囲内で」と「法令に違反しない限りにおいて」とでは、確かに文言上に相違は認められるものの、一般に両者は同旨と考えられている。何となれば、「法令」、すなわち「法律」プラス「命令」の中で命令は、政・省令の如く、法律の委任に基づきまたは法律を執行するために国の行政機関によって制定されるものであることから、いわば法律と一体のものとして法律に含めて考えてよいからである。そこで問題となるのが、如何なる場合に条例が法令に抵触し、違法・無効となるのか、という点である。

　この点を論ずるにあたっては、2 条 11 項から 13 項の趣旨に則り、「地方自治の本旨」や地域の特性を可能な限り尊重することを出発点とすべきであろう（この意味で、地方公共団体制定の個人情報保護条例の規定と運用がデータ流通の支障となりうるとして、令和 5 年〔2023〕年 4 月 1 日から個人情報保護条例による制度が改正個人情報保護法の下に一元化され、いわゆる「立法の集約化」が行われたのには、立法政策の面で多少の違和感もなくはないが、そのような動きの中であればこそ、今後は地方公共団体の考え方が国による同法の解釈・運用に十分に反映されるべきこと

が看過されてはならぬ）。

[1] 法律先占論

　法令と条例の関係をめぐりかつては、法令が既に規制を定めている場合には、条例で同一事項（対象）について同一目的でより強力な規制を行うことは違法となる、という法律先占論が支配的であった。法令が先行するのではなく後から制定されても、法令は同じく条例に優先することとなり、この点をも踏まえて法律専占論とも呼ばれる。しかし、このような考え方では、確かに原理的には上位法は下位法に優越し、法令は条例に優先するとはいえても、この原理の妥当範囲、つまり法律の先（専）占領域が広きに失するのではないか、との批判が登場するようになり、このような批判的傾向は、地方公共団体による公害防止条例の制定の動きを背景に強まることとなった。すなわち、昭和40年代の半ばまでに、公害対策基本法（現、環境基本法）、大気汚染防止法、水質汚濁防止法など、公害防止に向けた国の法令の整備は相当程度に進展はしたが、住民の生命・健康を守ることを任務とする地方公共団体の目には国の立法によるも未だ不十分と映った。そこで、昭和44（1969）年7月制定の東京都公害防止条例など、地方公共団体も相次いで公害防止のための条例を制定するに至り、そのような公害防止条例の中には、国の法令が定める規制より厳しい規制（後出の「上乗せ規制」や「横出し規制」）がしばしば盛り込まれるようになってきたため、そこで、かかる条例による規制を違法・無効なものとさせないよう、国の法律との関係で地方公共団体の自主立法権が強調されるところとなり、法律先占論の地歩が揺らぐこととなったのである。

コラム　法律先占論と行政指導

　法律先占論をめぐっては、このような各地における公害防止条例の制定の動きと並んで、ほぼ同時期に展開された「要綱」に基づく行政指導の隆盛も、注目される。要綱とは、議会が定める条例や執行機関が定める規則のような外部効果をもつ外部法とは異なり、同じく執行機関が定めるものでありながら地方公共団体の内部、機関相互間においてのみ拘束力が認め

られ、したがって外部効果はもたない内部法（内規）として位置付けられる、いわば行政内部の行動規準であって、かような要綱に基づいて相手方住民（私人）に任意の協力を求めて指導、勧告などの行政指導を行う行政手法を要綱行政と呼んでいる（同じく要綱に基づくとはいえ、審議会を条例ではなく要綱により設置するなどの内部行政もみられる）。要綱に私人に対する法的拘束力はなく、したがって行政指導も法的拘束力を伴わない事実行為ということになって、条例に基づいて私人に対して法的拘束力のある下命や禁止などの行政行為を行うという規制行政本来の行政手法とは大きく異なるといえる。昭和40年代以降、ベッドタウン開発の規制策（例えばマンション建設規制策）、ゴルフ場開発規制策、放置自転車対策、カラオケボックス対策、などとして、地方公共団体によってこのような要綱行政の手法が多用されたのは、国の法律による規制が十分でなく、地域の実情に照らして進んで本来的な行政手法によろうとしたときに、障壁として地方公共団体の前に立ちはだかったのが法律先占論という理論であったのであり、地方公共団体は、同理論に反するとの批判をかわすためにそのようないわばソフト路線たる要綱行政の手法を採用した、という背景的事情によるところが大きい。なお、要綱に基づく行政指導をめぐっては、行政指導の任意性が失われてはいないかが争われたり、行政指導を継続することによる本来の行政権限の不行使の違法性が争われたりもした（武蔵野市マンション事件をめぐる最判平成5・2・18民集47巻2号574頁、品川区マンション事件をめぐる最判昭和60・7・16民集39巻5号989頁など参照）。今日でも要綱行政の有用性自体を全面的に否定することはできないが、それだけに、要綱（行政指導指針）の策定、行政指導の手続等に関する行政手続条例の定めが重要性を帯びてこよう。

[2] 徳島市公安条例事件最高裁判決

　[1]で述べたような経緯を経て、法令と条例の関係についての判断枠組みを提示し、法律先占論に比較的明確な形で修正を迫ったのが、法律と条例におけるデモ行進をめぐる重複規制の問題（集団示威行進に参加した者が、自らだ行進を行い道路交通法に違反したとして、さらに集団にだ行進をさせるよう煽動し、徳島市公安条例に違反したとして起訴され、この事件では条例による規制が道路交通法

に反するのかが1つの争点となった）を扱った最大判昭和50・9・10刑集29巻8号489頁である。曰く、「条例が国の法令に違反するかどうかは、両者の対象事項と規定文言を対比するのみでなく、それぞれの趣旨、目的、内容及び効果を比較し、両者の間に矛盾牴触があるかどうかによってこれを決しなければならない。例えば、ある事項について国の法令中にこれを規律する明文の規定がない場合でも、当該法令全体からみて、右規定の欠如が特に当該事項についていかなる規制をも施すことなく放置すべきものとする趣旨であると解されるときは、これについて規律を設ける条例の規定は国の法令に違反することとなりうるし、逆に、特定事項についてこれを規律する国の法令と条例とが併存する場合でも、後者が前者とは別の目的に基づく規律を意図するものであり、その適用によって前者の規定の意図する目的と効果をなんら阻害することがないときや、両者が同一の目的に出たものであっても、国の法令が必ずしもその規定によって全国的に一律に同一内容の規制を施す趣旨ではなく、それぞれの普通地方公共団体において、その地方の実情に応じて、別段の規制を施すことを容認する趣旨であると解されるときは、国の法令と条例との間にはなんらの矛盾牴触はなく、条例が国の法令に違反する問題は生じえないのである」と（徳島市条例による規制については、結論的に道交法には違反しないと判示している）。

　この判決は、法令と条例の抵触問題の帰結を法令の趣旨、目的、内容、効果の解釈次第であると判示したものにすぎない、との批判も向けられていない訳ではないが、今日でも考え方の基本としては一般に支持されているものである。判旨に添い、若干掘り下げて考察しよう。基本的には、法令に関する地方公共団体の自主解釈権を拡充する方向性が支持されよう。

　①判決が挙げる、法令の規定の欠如が、いかなる規制をも施すことなく放置する趣旨と解される場合としては、例えば、憲法21条2項により禁止される検閲や通信の秘密を侵す行為を定める法令が存在しない場合が考えられ、もしこれらの行為を許容する条例が制定されるならば、その条例は違法（というよりもそもそも違憲）ということになる。逆に、法令が欠如する場合に、有効に条例が法律制定に先行した事例としては、情報公開条例などがあり、条例が法律の制定を先導した例としては、「空き家対策条例」と平成27（2015）年施行の「空家等対策の推進に関する特別措置法」の関係

などがある。

②判決が挙げる、特定事項につき法令と条例が併存するが、両者が別の目的に基づく規律を意図する場合としてしばしば引き合いに出されるのは、狂犬病予防法による犬の係留と飼犬取締条例によるそれとの関係である。前者は狂犬病の蔓延防止という公衆衛生目的による規制であるのに対し、後者は住民や来訪者への危害防止を目的とした条例であり、独自の意義が認められることになる。法令と条例の目的・趣旨が異なるか否かが問題とされた例としては、廃棄物処理法と水道水源保護条例の関係がある（徳島地判平成 14・9・13 判自 240 号 64 頁は、阿南市条例につき同目的と解し、名古屋高判平成 12・2・29 判タ 1061 号 178 頁は、紀伊長島町条例につき別目的と解している）。なお、本最高裁判決が指摘するが如く、法令と条例が別目的であっても、条例が法令の目的・効果を阻害する場合には、条例は違法・無効となる（宗像市環境保全条例と廃棄物処理法の関係につき、福岡地判平成 6・3・18 行集 45 巻 3 号 269 頁参照）。

③本最高裁判決にいう、特定事項に関しそれを規律する法令と条例とが併存し、しかも両者が同一目的に出たものである場合については、特に条例による「上乗せ規制」や同じく「横出し規制」をめぐって両者の抵触問題が提起される。前者の規制は、条例で法令に対し上乗せ的に規制を強化することを指し、法令で事業が届出制になっている場合に条例でそれを許可制にしたり、廃液等の汚染物質の排出基準を条例によって法令よりも厳しく定める場合などが、これに該当する。後者の規制は、法令が規制の対象としていない項目を条例で規制を横出し的に拡張して規制対象に取り込むことを指し、法令ではＡという排出物しか規制していないところを条例でＢという排出物をも規制対象に加えるような場合が該当する。これらの例にみられるように、上乗せ規制や横出し規制は、主に地方公共団体による公害防止行政の分野で展開をみてきたものであるが、かかる規制が法令に反しないかは、当該法令が、地方公共団体が地域の実情に応じて別段の規制を行うことを許容していると解されるか否か、により判断されるとするのが、今日学説の一般的傾向でもある。すなわち、法令が全国一律的に最大限の規制を定めていると解される場合には（最大限規制）、法令を超えた条例による独自規制は違法なものとして扱われ、逆に、法令が全国的に最

低限の（ナショナル・ミニマムな）規制を定めたものと解される場合には（最小限規制）、条例によってそのような独自規制を設けても法令違反とはならない、と考えられている。なお、このような趣旨を踏まえて、明文で上乗せ条例や横出し条例を認める法律もみられる。大気汚染防止法４条１項・32条、水質汚濁防止法３条３項・29条などである（しかし、両法律では、上乗せ条例に関しては都道府県条例についてしか定めが置かれておらず、議論の余地が残ろう。なお、一般的に、都道府県条例と市町村条例が併存する場合の両者の抵触につき、地方自治法上は都道府県条例の優先が定められてはいるが〔2条16項・17項〕、都道府県と市町村が上下の関係にないことよりすれば、この点につき基本的には、上に述べた法令と条例の関係をめぐる法理が妥当すべきものと考えられる。市〔区〕町村条例制定にあたっては、都道府県との間で協議、調整が必要なことは論を俟たないが）。

　さらには、法令が最小限規制を定めたものと解され、そこで条例によるより強度な規制が許容されるとしても、条例による規制にはそれに相応する合理性、必要性が求められ、規制手段はその必要性に比例したものでなければならない、との指摘が見られる（旅館業法と飯盛町旅館規制条例の関係を扱った、福岡高判昭和58・3・7行集34巻3号394頁）。

　④特定事項につき法令と条例が併存し、両者の目的が同一である場合に生ずるもう１つの問題として、法令の規制対象から除外された「裾切り」以下の部分を条例で規制することの可否という問題がある。いわゆる裾切り条例をめぐるものである。例えば、一定の広さ以上の土地の取引を法令が届出制にしているときに、条例がその広さに満たない土地の取引をも届出制の対象とするが如し。地域特有の規制の必要性を正当化しうるかがポイントであり、基本的には上記③と同様の法理が妥当しよう。この点に関し、高知市普通河川管理条例をめぐる最判昭和53・12・21民集32巻9号1723頁は、普通地方公共団体が河川法の適用も準用もない普通河川につき、条例をもってその管理に関する定めをすることができることは、当時の地方自治法2条2項・3項2号、14条1項から明らかであるとして、裾切り条例の制定を許容しつつ、法令とのバランスの問題を考慮して、適用河川または準用河川として指定する途（河100条）がある以上は、「河川法が適用河川等について定めるところ以上に強力な河川管理の定めをすることは、同法に違反し、許されない」と判示しているが、後半部については

異論もない訳ではない。

　⑤本最高裁判決が直接に触れているところではないが、法令による規制を緩和する条例については、一般に、法令にこれを認める明文の規定がない限り許されないものと考えられており、また、規制行政ではなく給付行政に関し、給付を金額や対象者などの面で法令よりも手厚く上積みする（福祉）上積み条例については、基本的には地方公共団体の判断が尊重されてよいものと考えることができよう。

知識を確認しよう

問題

(1)　条例制定権の及ぶ事項的範囲について説明しなさい。

(2)　必要的条例事項について説明しなさい。

(3)　憲法上、「法律」で定めることとされている事項について、直接条例で定めることは許されるか、の点につき説明しなさい。

(4)　法令との関係における条例制定権の制約の問題について説明しなさい。

指針

(1)　機関委任事務の廃止、国法による全国画一的な規律、執行機関の専管的立法事項の各論点を踏まえて考えなさい。

(2)　義務賦課・権利制限事項と個別的条例事項を取り上げた上で、「法律の留保」原則との関係も併せ考えなさい。

(3)　条例による財産権規制、条例による罰則、条例による課税等の問題を取り上げ、判例をも素材として考えなさい。

(4)　法律先占論、徳島市公安条例事件最高裁判決を踏まえた上で、法令と条例の関係の「場合わけ」に応じて論理を展開しなさい。

本章のポイント

1. 情報通信技術の発達は国と地方の政治手法にも影響を与えている。本章では情報公開と個人情報保護の制度を確認し、地方の情報法制の現状を学ぶ。この法領域では地方の先駆的実践が国の制度化に貢献してきたことを踏まえながら、自治体の今後の課題について理解を深める。

2. 情報公開条例の基本的な仕組みを整理し、特に不開示情報や実施機関の解釈について、判例の展開や自治体の工夫を学ぶ。

3. 公文書管理法の意義を確認し、条例整備に向けた自治体の課題を学ぶ。

4. 一元化された個人情報保護制度を理解し、自治体が住民の権利利益を保護するための今後の課題を学ぶ。

1 情報公開

A 情報公開制度の意義

　政府が国民の請求に応じて、自らが保有する情報を開示する制度を情報公開制度という。主権者である国民は、政府の活動について十分な情報を共有することによって、初めて国政への参加や監視が可能になる。民主主義を健全に発達させるためには、政府は国政に関する情報を国民に公開し、自らの活動を説明する責任を負わなければならない。このような意味で、情報公開は国民主権と民主主義に基礎付けられた制度である。

　地方自治においても情報公開は住民自治のあり方と不可分である。日本国憲法は住民による直接公選制（憲93条）と地方自治特別法の住民投票（同95条）を定め、地方自治法は直接請求制度や住民監査請求および住民訴訟制度など住民の権利を保障する。つまり、憲法と地方自治法は代表民主制の欠陥を補完するものとして、直接民主制的要素を積極的に位置付けているが、住民の政治参加が実効的に機能するためには、行政情報への自由なアクセスが前提となる。また、近年では住民による行政への参加と協働という新しい関係が注目される。参加と協働とは住民が地方自治体の政策過程に参画し行政組織と対等の関係で事業に取り組むことをいう。このような住民と行政との開かれた対話を構築する上でも情報公開制度は要となる。

　国と地方の情報公開はそれぞれ法律と条例により実施される。国では平成11（1999）年に行政機関情報公開法が制定されたが、地方では80年代から先駆的な自治体が情報公開に取り組んでいた。市町村では、昭和57（1982）年に山形県金山町の公文書公開条例が、都道府県では、同年に神奈川県公文書公開条例が制定されている。90年代以降は市民オンブズマンによる情報公開請求運動も活発化した。この間、地方の情報公開の水準は向上し、法律の制定以前に47都道府県で条例が整備された。現在ではすべての普通地方公共団体と特別区で条例化されている。

B 情報公開法と情報公開条例の基本構造

[1] 概要

　情報公開法上の「行政機関」(行政情報公開2条1項)には自治体の機関は含まれない。自治体は、法の趣旨に基づいて条例を整備・拡充する努力義務を負う(同25条)。このような分権構造は現行制度の特徴である。条例制定にあたり、「どのような請求権を認め、その要件や手続をどのようなものとするかは、基本的には当該地方公共団体の立法政策にゆだねられている」(最判平成13・12・18民集55巻7号1603頁)。したがって、個別の条例を解釈する際には、条文上の用語法にも注意しなければならない。ただ、以下については、法律との間で平準化が進んでいる。開示請求について、①対象機関、②対象文書、③開示請求権者、④開示・不開示の判断基準(不開示情報の類型化)、⑥開示・不開示の決定手続、⑦不開示決定に対する不服審査、⑧諮問機関(情報公開審査会等)の設置などが基本事項である。

[2] 目的規定

　法律上、情報公開は国民主権と民主主義を基本理念とする制度であることが明示されている。政府が行政情報を公開することによって、国民への説明責任を果たし、行政運営の透明性を確保し、それによって国民の的確な理解と批判の下で民主的な行政を推進することが目的である(行政情報公開1条)。目的をどう定めるかは立法者の制度への理解を知る上で重要である。法律の制定過程で提案されていた「知る権利」は未成熟との理由で明文化されなかったが、多くの条例では「住民自治」と「知る権利」を明文化している。「県政に対する県民の理解と信頼」、「開かれた県政の実現」、「県政の公正な運営の確保」などの基本方針を明示した条例もある。

[3] 開示と不開示の決定

　まず、開示は請求権者が対象機関の保有文書に対し、開示請求することで行われる。開示請求を受けると、対象機関は請求対象の行政文書が存在するときには開示しなければならない(開示の原則)。例外的に不開示とする情報類型が列挙されている(行政情報公開5条)。不開示情報の範囲は制度の本質に関わるので、解釈には慎重さを要する。

不開示情報に当たるときは、理由を付して不開示を決定する。不開示情報であっても、行政機関の長の裁量により文書を開示することもある（同7条・裁量的開示）。この場合には、不開示情報の性質に対して、開示によりえられる公益をどのように比較衡量するのかが問題となる。また、請求対象文書が存在しないときは、不存在の理由を付して拒否処分を行う。ただし、開示請求対象である行政文書の存否自体を答えるだけで、不開示情報として保護しようとしている利益を侵害してしまう場合には、存否自体を応答せずに開示請求を拒否することもできる（同8条・存否応答拒否）。以上、開示の原則、不開示情報の類型化、部分開示、裁量的開示、存否応答拒否などの事項は法律と条例でほぼ共通化している。

請求に対する不開示決定等に不服がある者には、不服申立てと訴訟（取消訴訟と義務付け訴訟）による是正の機会が保障される。法律と条例ともに、不服申立ては情報公開審査会など第三者機関の審査を経て、処分の適否・当否が判断される。公正な審査を担保するために、審査会には調査権限が認められている。請求対象の行政文書を実際に見分する権限（インカメラ審査）や行政文書に記録されている情報を審査会の指定する方法により整理分類した資料の提出を求める権限（ヴォーン・インデックス方式）である。

[4] 対象機関（実施機関）・対象文書・請求権者

法律の対象機関は、内閣に置かれる機関および内閣の管轄の下にある機関、国家行政組織法上の機関、会計検査院・警察・防衛を含む国政の執行に関わる行政機関すべてである。条例では、開示請求の対象とする機関を「実施機関」という。後述するように、地方自治法上の執行機関に加えて、議会、地方公社、地方独立行政法人、指定管理者、組合、出資法人、第三セクターなどの団体をどう扱うのが問題となる。対象機関（実施機関）をどのように制度設計するのかによって、開示請求できる対象文書の範囲は異なる。結果的には情報公開の水準が左右されるので注意を要する。

開示対象は、本来は「情報」だが、「情報」の範囲を画定することも難しいので、法律上、「行政文書」（行政情報公開2条2項）とされる。条例でも、対象文書を「実施機関の職員が職務上作成し又は取得した文書、図画及び電磁的記録であり、実施機関の職員が組織的に用いるために実施機関が保

有しているもの（組織共用文書）」と定めるものが多い。ただ、開示対象を判断する上で重要であるのは、住民への説明責任を最善の方法で果たすためには何が必要かという観点である。「行政文書」の媒体や形式的単位によって開示対象の範囲を決定すべきではない。

　請求権者には個人と法人が含まれる。国民主権の点から、請求権者を日本国民に制限することも可能だが、法律は「何人も…開示を請求できる」と定めている（同3条）。開示請求の目的も限定されていない。条例には、請求権者を「何人も」と「住民」（通勤・通学者等を含む広義の住民）とする立法例がある。「何人も」とする見解では、請求権が憲法上の権利である以上、これを限定する理由はない。地域を問わず、外国人や法人を含む。「住民」とする見解では、制度の維持運営には相応のコストを要するので、受益者を「住民」に限定することも合理的だと解されている。

[5]　手数料

　法律上、開示請求者には開示請求または開示実施の手数料の納付が義務付けられているが（行政情報公開16条1項）、条例では手数料納付を義務付ける自治体は少ない。徴収する場合には、文書の複写代など実費負担となる。手数料には制度の運営費を調達するという目的のほかに、請求権の濫用防止機能があるが、「できる限り利用しやすい額とする配慮」を要する（同2項）。高額な手数料が開示請求を抑制・萎縮させてはならない。

[6]　情報提供制度

　行政が請求を待たずに自発的にその保有する情報を国民・住民に提供する制度を情報提供制度という。情報公開法は情報提供の充実を定め（行政情報公開24条）、個別の法律が行政機関や都道府県知事に情報提供の努力義務を課すこともある（食品衛生63条など）。条例にも「情報公開の総合的な推進に関する責務」として情報提供制度を定めるものがある。

　情報提供は、開示請求と比較すると、手間・時間・コストがかからず、開示される情報の量や範囲に制限がないなど、請求権者と行政の双方に利点がある。しかし、提供される情報の選択には行政裁量があるため、住民が満足するとは限らない。情報提供では得られない情報を開示請求するな

ど、両者をバランスよく活用することが必要である。

C　不開示情報

[1]　個人情報

　個人情報は不開示とされる。個人情報の規定には2つの方法がある。「個人にかかわる情報で、特定の個人が識別されるもの」を個人情報とする例（個人識別型、大阪府など）と「公に知られたくないと望むことが正当だと認められる個人にかかわる情報」とする例である（プライバシー型、名古屋市など）。前者を採用する自治体が多い。ただ、このモデルでは非開示とする個人情報の判断が容易だが、不開示の範囲が広範になるという問題もある。

[2]　法令秘情報

　法令や他の条例等の規定によって公開が禁止されている情報は開示請求できない。法令秘情報には、法令が非開示に指定した文書だけでなく、法令の目的から開示できないと判断される情報や国の行政機関からの指示（245条の7など）により開示できない情報も含まれる（最判平成7・2・24民集49巻2号517頁、広島高判平成18・10・11判時1983号68頁）。法律では、法令上秘密とすべき情報に関して、個別法により情報公開法の適用除外を規定しているので（戸128条など）、不開示事由として法令秘情報の規定はない。条例では、個別法により情報公開条例が適用除外とされていないことから、法令秘情報が類型化されている。

[3]　法人等情報

　法人その他の団体および個人事業者の事業活動に関する情報について、公にすることで、法人等の権利、競争上の地位その他の正当な利益を害するおそれがある情報（正当利益侵害情報）は不開示とされる。正当利益侵害情報かどうかは、法人の種類・性格、権利利益の内容・性質、憲法上の権利の有無、実施機関との関係などを総合的に考慮して判断する必要がある。

[4]　公共安全情報

　開示によって、犯罪の予防、鎮圧、捜査、公訴の維持、刑の執行その他

の公共の安全と秩序の維持に支障を及ぼすおそれがあると実施機関が認めることにつき、相当な理由がある情報は不開示とされる。実施機関の裁量判断が問題となりうる。

[5]　審議・検討情報（意思形成過程情報）

　自治体の機関内部または機関相互間の審議・検討または協議に係る情報であって、開示によって率直な意見交換が不当に損なわれるおそれ、意思決定の中立性が不当に損なわれるおそれ、不当に住民に混乱を生じさせるおそれ、特定の者に不当に利益を与え、不利益を及ぼすおそれがあるときは不開示とされる。しかし、住民自治の点では意思形成過程情報はむしろ積極的に開示すべきだといえる。そこで、不開示をできるだけ限定するためには、開示による利益との慎重な比較衡量が求められる。

[6]　事務事業情報

　実施機関が行う事務・事業に関する情報であって、開示により、当該事務事業の適正な遂行に支障を及ぼすおそれがあるものは不開示である。ただし、「適正な遂行」という文言を使用することで、開示による公益との比較衡量が求められている。また、「支障」は実質的で、「おそれ」は具体性および蓋然性が高いことを要すると解される。

D　実施機関

　実施機関の位置付けは、各自治体による工夫がみられる部分である。基本的には、地方自治法上の執行機関と公営企業管理者は実施機関になるが、多数の自治体は、議会、警察組織、地方独立行政法人、地方三公社（土地開発公社・地方道路公社・地方住宅供給公社）を実施機関に追加している。ただ、具体的な方法はそれぞれ異なる。自治体周辺の団体に対して情報公開の水準をいかに高めるのかが課題である。

[1]　議会、警察組織（警察本部長・公安委員会など）

　執行機関だけでなく、議会も住民に説明責任を負う実施機関である。ただ、二元代表制への配慮から、通常の情報公開条例とは別に「議会情報公

開条例」を制定する自治体もある。都道府県公安委員会、警察本部長・警視総監など警察組織については、警察刷新会議の「緊急提言」（平成12〔2000〕年）を機に法律との均衡を図るために実施機関に追加された。

[2] 地方公社・地方独立行政法人・出資法人・支援団体

　地方公社と地方独立行政法人は業務の公益性、自治体との関係の点で自治体と実質的に同視できる。問題は、自治体が事業・財政の支援を行う団体である。これら多様な外郭団体を一律に実施機関とすることも難しい。当該団体の設立目的、出資割合、設立時の議会との関係、設置法の規定などが判断基準となる。そこで方法としては、①実施機関とする方式、②自主的に情報公開を行う努力義務を課し、自治体の機関には情報公開を促進する努力義務を課す方式、③自治体の長に収集義務を課す方式、④自治体と団体が情報公開協定を締結する方式がある。

[3] 指定管理者・民間委託事業者

　私的団体である指定管理者をどう位置付けるのかが問題となる。自治体の業務を外部に委託すれば、その情報に住民がアクセスできなくなるのは不合理であり、情報公開を促進すべきである。そこで、指定管理者は自治体から委任を受け、公の施設などの管理運営業務を行う点で、住民に説明責任を負うと解し、①実施機関に加える方式、②請求対象である「公文書」概念を拡張する方式、③協定により文書提出を義務付ける方式などがある。

E　判例の展開

[1] 個人情報

　個人識別型の条例が争われた事例では、「個人の思想、信条、健康状態、所得、学歴、家族構成、住所等の私事に関する情報」に限定されず、「個人にかかわりのある情報」は、原則として個人情報に当たるとされた（大阪市食糧費公開請求訴訟・最判平成15・11・11民集57巻10号1387頁）。プライバシー保護型の条例では、個人情報であっても、公開が本人の不利益にならないものは公開とすべきだと判示された（最判平成17・7・15判時1909号25頁）。

[2] 法人等情報

　私立大学への施設整備費補助金について、交付申請文書が開示請求されたところ、知事が一部開示を決定した。それに対して、私立大学側が本件情報を非開示事由（法人等情報）に当たると主張し取消訴訟を提起した。条例は法人等情報を「公開することにより、当該法人等又は当該事業を営む個人に不利益を与えることが明らかである」ものと定めていたが、最高裁は、開示によって「正当な利益が害されること」が客観的に明らかであることを要すると説示し、本件では大部分の開示を認めた（最判平成13・11・27判時1771号67頁）。なお、行政の文書開示決定に反対する第三者が不開示を求める訴訟を逆FOIA（Freedom of Information Act）訴訟という。

[3] 公共安全情報

　住民が県警に開示請求した捜査費・捜査報償費等の領収書について、最高裁は、公開により「犯罪の捜査、予防等に支障を及ぼすおそれがある」とした県警の裁量的判断を肯定した（最判平成19・5・29判時1979号52頁）。

[4] 審議・検討情報（意思形成過程情報）

　公共事業の検討過程での調査資料等の開示が争われた事例について、①鴨川ダム訴訟では、知事が設置した学識経験者等の協議会に提出された資料について、高裁は当該資料を「意思形成過程の未成熟な資料であり、公開することにより、府民に無用の誤解や混乱を招き、協議会の意思形成過程を公正かつ適切に行うことに著しい支障が生じるおそれ」があると判示した（大阪高判平成5・3・23判タ828号179頁、最判平成6・3・25判時1512号22頁）。しかし、②安威川ダム訴訟では、高裁は開示請求された調査資料を「自然界の客観的、科学的な事実及びこれについての客観的、科学的な分析」であり、その情報自体に誤解は生じないとして不開示処分を取り消した（大阪高判平成6・6・29判タ890号85頁、最判平成7・4・27〈LEX/DB28020305〉）。

[5] 事業事務情報

　知事の交際費に関する公文書が事務事業情報に当たるとして非公開とされたことについて、最高裁は、交際事務の目的を「相手方との間の信頼関

係ないし友好関係の維持増進」とし、相手方を識別しうる文書の公開は関係を損ない、知事の交際事務に著しい支障を及ぼすおそれがあること、また、相手方にとって交際情報は「私的な出来事」であり、性質上公開になじまないと判示した（最判平成6・1・27民集48巻1号53頁）。

2 ● 公文書管理

A 行政情報の管理法制の意義

　行政が収集・作成する行政情報は、本来は行政と市民が共有すべき財産である。行政情報が市民に公開されなかったり、誤った情報が蓄積されたり、また不要な情報が収集されると、個人情報の流出・流用のリスクも高まる。行政が自らにとって不都合な情報を容易に隠蔽・廃棄すれば、市民の知る権利やプライバシー権を侵害し、結果的には行政活動の質を低下させてしまう。そのような意味で、行政情報の適正な管理は民主的行政を実現する上で重要な前提条件になるが、これまで情報管理は行政内部の運営事項だと理解されていたことから、法制化が遅れていた。文書の保存年限が機関により異なり、裁量による部分が多かった。

　状況が変わる契機になったのは情報公開法の施行である。情報公開制度を実効化するためには、市民の利用に開かれた「公共用物」として、行政情報を適切に管理するルールが不可欠になる。このため、情報公開法は行政文書の管理規定を置き、施行令が行政文書の分類・作成・保存・廃棄に関する基準等を定めた。

　しかし、これら規定だけでは、公文書の作成・保存が徹底されなかったことから、平成21（2009）年に、公文書管理法（公文書の管理等に関する法律）が現用文書と非現用文書を規律する一般法として制定された。つまり、公文書管理法は、情報開示請求や情報提供の制度と連携しながら、公文書のライフサイクル全体（作成・取得から廃棄または公文書館等への移管・保存・利用まで）を規律する点で、統一的な情報管理法制の中心を担っている。

B 公文書管理法の概要

　公文書管理法は、公文書が「健全な民主主義の根幹を支える国民共通の知的資源」であり、「主権者である国民が主体的に利用し得るもの」であることを踏まえて、これら公文書の適切な利用と保存を図るための基本事項を定めている。その目的は、行政の適正かつ効率的な運営と現在と将来の国民への説明責任の履行である（公文書管理1条）。

　同法の第2章と3章は、国の現用文書（行政文書・法人文書）について、文書の作成・整理・保存、国立公文書館等への移管・廃棄に関する基本的な仕組みを明記する。第4章は、非現用文書（歴史的文化的な資料となる公文書）について、保存・利用の手続を定め、第5章は、専門的な見地から公文書管理の調査審議を行う機関として公文書管理委員会の設置を定めた。最後に、第6章は自治体に努力義務を課している。

C 自治体の現状と課題

　公文書管理法は自治体が保有する公文書には適用されない。公文書管理に必要な施策の策定・実施は自治体の努力義務である（公文書管理34条）。条例化は徐々に広がりつつあるが、現用文書と非現用文書を含めた文書のライフサイクル全体を規律する条例を制定している自治体はいまだ少数にとどまっている。引き続き、法の趣旨に即した条例整備が自治体には求められている。具体的には、まず、①住民が公文書にアクセスできる制度が不可欠である。その上で、②現用文書の管理について情報公開条例との整合性を図り、③非現用文書にも、住民の利用請求権を保障するとともに、救済制度や公文書館を整備する必要がある。④地方独立行政法人、地方公社、指定管理者に対してもコンプライアンスを確保する仕組み（文書管理状況の長への報告義務、報告結果の公表・監査）が必要であろう。

3 個人情報保護制度

A 個人情報保護制度の成立

　個人の権利利益を保護するために個人情報を取り扱うルールや本人の請求権を定めた制度を個人情報保護制度という。法的には、50 年代末から「私事をみだりに公開されないという保障」が論じられていたが、70 年代以降、情報技術の急速な進展とともに、個人情報の流出や不正利用による権利侵害の脅威が増大し、個人情報を保護する必要性が高まってきた。個人の尊厳を擁護すべきであるならば、情報の収集・管理・利用について、本人が自己情報を統制できなければならない。プライバシーの保護は自己情報コントロール権（憲 13 条）として理解されるようになった。

　情報通信技術が可能にしたグローバルな情報流通が広がるなかで、各国で個人情報保護をめぐる議論が活発化した。個人情報の不適切な取扱いは健全な経済活動を阻害し、国際規模の被害をもたらしかねないという危機感があったからである。昭和 55（1980）年 9 月には、OECD（経済協力開発機構）が「プライバシーの保護と個人データの国際流通に関する勧告」（OECD 8 原則）を採択した。勧告ではデータ保護の諸原則（収集制限、正確性、利用目的明確化、利用制限、安全保護、公開、個人参加、責任に関わる原則）が示された。

　日本では、情報公開と同様に、個人情報保護への先駆的な取組みは地方から始まった。70 年代当時、地方では住民情報の電子計算機処理に際し、データ誤入力・紛失・毀損・漏洩等への対処が急務になっていた。電算処理情報を対象とした最初の個人情報保護条例が徳島市で制定され（昭和 48〔1973〕年）、80 年代には「OECD 8 原則」に準拠した福岡県春日市の個人情報保護条例（昭和 59〔1984〕年）が登場した。

　国レベルでは、昭和 63（1988）年に「行政機関の保有する電子計算機処理に係る個人情報の保護に関する法律」（旧法）が制定された。ただ、これには問題が多く、個人情報の一層の保護措置が求められた。平成 15（2003）年には、個人情報保護法（新法）、行政機関個人情報保護法、独立行政法人等個人情報保護法、情報公開・個人情報保護審査会設置法等が成立した（平成 17〔2005〕年施行）。新法では、基本法的な部分（1 章～3 章）は公的部門

および民間部門のいずれにも適用されるが、個人情報取扱事業者の義務は民間部門のみに適用される。国については、行政機関・独立行政法人等個人情報保護法が、地方については、個々の条例が規律することになった。

B　令和3年改正法の基本構造

[1]　個人情報保護法三法の統合

平成27 (2015) 年9月、制定後初めて個人情報保護法が改正された（以下、改正法）。国際標準の一つであるEU一般データ保護規則（GDPR）に対応し、過剰反応を抑制するなど個人情報の保護と利活用のバランスを図る必要があったからである。総じて、データが国境を越えて収集・分析されるビッグデータ時代に対応した個人情報保護のあり方が模索されていた。

さらに、令和3 (2021) 年には制度が抜本的に改革されるに至った。デジタル改革関連法（デジタル社会形成基本法、デジタル庁設置法、デジタル社会形成整備法、自治体システム標準化法など）の成立を承け、保護三法は廃止され、改正個人情報保護法に統合された。行政のデジタル化を進める上で、公的部門と民間部門を一元的に監視・監督する体制を整備し、官民と地域の枠を超えたデータ利活用を図ること、その支障となる制度の不備を是正することが求められた。越境データの流通が増大し、国際的な制度調和の要請も一層高まっていた。そのため、保護三法および条例からなる従来の基本枠組みが根本から見直された。①国と地方の規律の共通化、②官民の制度の一元化を実現し、③全体の所管を個人情報保護委員会に統一したのである（表10-1）。

改正法の第1章から第3章は官民を対象とする基本法的な部分である。「個人情報の有用性に配慮しつつ、個人の権利利益を保護する」という目的（個人情報1条）と「個人の人格尊重」（同3条）という基本理念は変わらない。ただ、「デジタル社会の進展」とともに、データ流通を促進するという点で「個人情報の適正かつ効果的な活用」の方により比重を置く制度が導入されている。個人の権利利益の保護と個人情報の有用性をいかに調和させるのかが運用上の課題になる。

まず、個人情報、個人識別符号、要配慮個人情報、仮名加工情報、匿名個人情報、個人関連情報などの定義が整理された（同2条）。その上で、公

表 10-1　個人情報保護制度の沿革

1970 年～	電算処理情報を対象とした、自治体による個人情報保護条例の制定
1980 年	OECD プライバシー理事会勧告（OECD8 原則）
1988 年	行政機関個人情報保護法（旧法）の制定
1995 年	EU 個人データ保護指令（1998 年発効）
2003 年	個人情報保護法の制定（2005 年全面施行）
2013 年	番号法の制定
2015 年	個人情報保護法および番号法の改正→個人情報保護委員会の設置、オプトアウト手続の厳格化、追跡可能性の確保、匿名加工情報の導入、グローバル化への対応
2016 年	EU 一般データ保護規則（GDPR、2018 年発効）
2020 年	個人情報保護法の改正→利用停止・消去等の請求権要件の緩和、仮名加工情報の導入、開示・利用停止請求への対応等の義務の緩和
2021 年	個人情報保護法の改正→官・民、国・地方の一元化（統一方式）への転換

的部門には、個人情報の取扱い（同 61～73 条）、個人情報ファイル簿の作成・公表（同 74～75 条）、自己情報の開示・訂正・利用停止の請求権の要件・手続（同 76～108 条）、匿名加工情報の提供制度の導入（同 109～123 条）、個人情報保護委員会による監督・監視権限の規定（同 130～170 条）が共通化された。この制度統合により、個人情報保護条例は一旦「リセット」される。全国共通ルールのもとで、自治体は条例を改廃し、あるいは新たに制定するなど、法律の範囲内で制度を整備し、必要な施策を講じなければならない。

[2] 行政機関等の義務

　国と地方には、第 5 章「行政機関等の義務等」（個人情報 60～129 条）が新設された。全体に共通する定義（同 2 条）とは別に、第 1 節（同 60 条）は第 5 章の総則である。第 2 節以下は行政機関等の義務と個人の請求権を定めている。

(1) 適正な管理

　まず、取扱い上の義務として、個人情報の保有の制限等、利用目的の明示、不適正利用の禁止、適正な取得、正確性の確保、安全管理措置、従事者の義務（情報流出・不当な目的での利用の禁止）、漏えい等の報告等、目的外利用・提供禁止原則の義務が定められている（個人情報 61～69 条）。

(2) 個人情報ファイル簿の作成・公表

　行政機関の長等には、個人情報ファイル簿の作成・公表が義務付けられた（個人情報75条）。個人情報ファイルを公的記録として、その存在と概要について透明性を図ることで、個人の請求権行使や個人情報保護委員会による監視に資する趣旨である。ただ、多くの自治体は個人情報取扱事務登録簿を作成・公表してきた。この登録簿には個人情報を取り扱う事務・事業を一覧できるという利点があったことから、条例を別に定めれば、自治体は個人情報ファイル簿に加えて従来の登録簿を続用することが認められている（同5項）。

(3) 開示、訂正及び利用停止の請求権

　第4節（個人情報76〜108条）では、「開示、訂正及び利用停止」について、個人の請求権と行政機関の長等の義務を定める。つまり、「自己を本人とする保有個人情報」について、何人も、当該保有個人情報を保有する行政機関の長等に対し、各請求を書面で行えること、請求に対して行政機関の長等は応否を所定の期日までに書面で応答しなければならないこと、決定に対し審査請求しうることである。

　情報公開制度が住民自治と民主主義に基づいて行政情報を住民に開示する制度だったのに対し、個人情報保護は憲法に基づく個人の権利を保障する制度である。一方は主権者たる地位による開示請求を、他方は個人の主観的権利として開示請求を保障する制度である。「公の情報の開示を実現する」点で相互に補完する面はあるが、両者の目的や解釈上配慮すべき事情は異なる（最判平成13・12・18民集55巻7号1603頁）。制度趣旨の違いを理解しておく必要もある。

　個人情報保護条例の運用において住民の関心が特に高かったといえるのは、教育・福祉・医療などの個人情報である。これらの行政領域では、当該個人への指導・評価・診断・判定・選考に関わる個人情報について、本人開示の可否が紛争になっている（最判平成15・11・11判時1846号3頁、東京高判平成14・9・26判時1809号12頁、最判平成18・3・10判時1932号71頁）。

C　自治体への影響と課題

　全国共通ルールの適用によって、全体として個人情報保護制度を前進さ

せることが期待されている。自治の点では、これまでの自治体の取組みを
後退させないような制度運用が求められる。

[1] 個人情報の定義等の統一

　個人情報とは、生存者の個人識別情報のことをいう。①生存する、②個
人に関する情報であって、③特定の個人を識別しうるという要件を充たさ
なければならない（個人情報2条1項・2項）。多くの個人情報保護条例では、
死者の情報を個人情報に含めるものが多かったが、改正法は生存する個人
に限定した。したがって、自治体は死者の情報を個人情報とすることはで
きなくなった。ただ、自治体が死者の情報を保護するために別の条例を制
定することは可能だと解されている。

　個人情報の識別方法については、改正法では個人の「照合可能性」に「容
易」要件が追加された。つまり、個人情報は、その情報だけでなく、「他の
情報」との照合によって個人を識別できるかが基準になるところ（モザイク
アプローチ）、「容易」要件が行政機関等に適用されることになった（容易照合
型）。したがって、公的部門で保護される「個人情報」の範囲は狭められる
ことになる。また、情報通信技術が「容易に照合」できる範囲を技術的に
拡張していることにも注意しなければならない。

[2] 条例要配慮個人情報

　要配慮個人情報とは「本人の人種、信条、社会的身分、病歴、犯罪の経
歴、犯罪により害を被った事実その他本人に対する不当な差別、偏見その
他の不利益が生じないようにその扱いに特に配慮を要するものとして政令
で定める記述等が含まれる個人情報」（個人情報2条3項）をいう。「政令で定
める記述等」とは、心身の機能障害の記録、健康診断等の結果、健康診断
等に基づく医師等による指導・診療・調剤が行われたこと、本人を被疑
者・被告人とした刑事手続、少年の保護事件の手続が行われたことをいう
（個人情報保護法施行令2条各号）。これらは正当な理由なく取得されると、差
別・偏見を助長させるおそれが高い個人情報の類型である。ほかにも、多
くの自治体では、独自項目（支持政党、性的指向、遺伝子に関する事項、生活保護
の受給に関する事項など）を要配慮個人情報としてきた。改正法でも、自治体

は「地域の特性その他の事情に応じて」条例で追加できる（個人情報60条5項）。ただ、取得・記録の制限規定を独自に置くことはできないと解されている。

[3] オンライン結合

大半の自治体は、オンライン結合（情報通信技術を用いた情報の結合）の制限規定を置いていたが、改正法では制限規定は特に設けられていない。制限規定がなくても、安全性の確保や利用・提供の制限（個人情報66条・69条）があれば十分であり、むしろ制限規定は行政サービスの向上や行政運営の効率化、また個人情報の円滑な利用を阻害し、国民に不利益を及ぼすおそれがあると考えられたからである。しかし、オンライン結合を原則禁止し、例外的に許容する手続（審議会へ諮問など）を定めていた自治体では、その手続がプライバシー影響評価制度として機能してきた面がある。プライバシーに対する影響を事前評価し、必要な措置を講じることで被害発生を事前に防止・軽減するための制度である。こうした制度の目的が住民の信頼保護だとすれば、自治体の裁量を柔軟に認める制度運用が求められるだろう。

[4] 行政機関等匿名加工情報

ほとんどの自治体は非識別加工情報制度を導入していなかったが、個人情報の適正かつ効果的な活用という基本方針に基づいて、改正法は、名称を変え、対象機関を拡大し、新たに行政機関等匿名加工情報制度を導入した（個人情報109～122条）。不開示情報に当たる個人情報を加工して特定の個人を識別できないようにした上で、民間に提供する制度である。ただ、改正前の非識別加工情報制度にも、匿名加工する難易度が高いという課題が指摘されていた。改正法はこの課題を解消しないまま、対象を行政機関等の全般に拡張したが、特に小規模な自治体には過重な負担になりうる。導入については自治体が慎重に判断すべきである。自治体が任意に導入する場合には、制度を「官民データの活用」として位置付けた措置も必要になると解される（官民データ活用推進基本法9条）。

[5] 個人情報保護委員会 (個情委)

(1) 個人情報保護委員会の権限

官民を一元的に監視・監督する機関として、個人情報保護委員会が設置された (第6章)。法の目的 (個人情報1条) に即した任務が定められ (同131条)、個人情報保護法の解釈権限のほか、行政機関等に対する監視・監督権限が明記されている。個人情報等の取扱いについて、①資料提出の要求・実地調査 (同156条)、②指導・助言 (同157条)、③勧告 (同158条)、④勧告に基づく措置について報告の要求 (同159条) がある。なお、個情委が自治体の長に対して権限を行使するときには、地方自治法上の「関与」(245条) になるので、「必要最小限度」にとどめるべきだと解される (245条の3)。

自治体は、個人情報の取扱い等について助言などの必要な支援を個情委に求めることができる (個人情報166条)。また、自治体は法律の範囲内で条例を制定したときには、その旨と内容を個情委に届け出なければならない (同167条)。他方で、自治体もまた個情委の指針が適正か、監視・監督が適切かどうか、今後の制度運用を注視していく必要があるだろう。

(2) 条例上の審議会との関係

これまで、自治体は制度上の問題を条例上の情報公開・個人情報保護審査 (議) 会に諮問してきた。改正法では、個情委が法解釈の権限をもつが、自治体は、条例の定めによって、個人情報の適正な取扱いを確保するため専門的な知見に基づく意見を聴くことが特に必要だと認めるときには、同審査 (議) 会に諮問することもできる (個人情報129条)。例えば、独自の要配慮個人情報や個情委の指針の細則を定めたりする場合が考えられる。ただ、審議会の答申と委員会の勧告で、見解が異なるときには、勧告が優先される。両者間の情報共有など連携する手続はなく、両者は個別に活動するものと解される。

▐▌▌コラム▐▌▌　条例のリセットと条例制定権

法による一元化が地方自治の本旨 (憲92条) に反しないかが問題となる。政府は、自治体が地域の特性に応じた条例を制定できること、個人情報保護委員会の権限が地方自治法上も制限されることを根拠に自治権を不当に

制限しないと説明している。たしかに、オープンデータ政策を推進する上で分権型制度の課題を解決し（条例2000個問題）、制度の一元化は望ましい。しかし、地方自治と人権保障の点では課題も残る。

自治体は法律の範囲内で条例制定権をもつ（憲94条、自治14条1項）。改正法では条例で定められる事項が明示されているが（個人情報60条5項・75条5項・129条など）、それ以外にも条例を制定できるのかが解釈上問題になりうる（表10-2）。条例が法律に違反するかどうかは、「それぞれの趣旨、目的、内容及び効果を比較し、両者の間に矛盾牴触があるかどうか」、例えば、条例が法律の目的と効果を阻害するかどうかによって判断すべきだとすれば（徳島市公安条例事件・最大判昭和50・9・10刑集29巻8号489頁➡第9章3B[2]）、個人情報保護制度においても条例が改正法の目的と効果を阻害しないかぎり、条例制定権を制限すべきではないと解されよう。

表10-2　条例で定めることができる事項

1. 手数料（個人情報89条2項、同119条3項・4項）
2. 条例要配慮個人情報（同60条5項）
3. 個人情報ファイル簿とは別の帳簿の作成・公表（同75条5項）
4. 不開示事由と情報公開条例との調整（同78条2項）
5. 審査請求の特例（同107条2項）
6. 保有個人情報の開示・訂正・利用停止、審査請求の手続の追加（同108条）
7. 自治体の審議会等への諮問（同129条）

┃コラム┃　個人情報と災害対策基本法

今日の個人情報保護制度では、個人情報を用いた行政サービスの提供による利便性の向上や行政の効率化を図ることも課題である。例えば、災害時の要援護者支援では、個人情報の共有が問題となる。これまで多くの自治体では、個人情報の本人収集原則と目的外利用の原則禁止を定めていたが、厳格な制限が安否確認や円滑な避難支援を妨げる面があった。そこで、災害対策基本法の改正（平成25〔2013〕年）は、市町村長に避難行動要支援者名簿の作成を義務付けるとともに、名簿情報の目的外利用や関係機関

（消防・警察・民生委員等）との情報共有を実現した（災害基 49 条の 10 第 3 項）。この点につき、改正個人情報保護法は行政機関の目的外利用・提供禁止（個人情報 69 条 1 項）を定めているが、災害対策基本法 49 条の 10 第 3 項は「法令に基づく場合」として目的外利用を例外的に認める法的根拠になっている。このほか、災害発生前の要支援者情報の事前共有についても、避難支援関係者が連携できるルール策定などが求められよう。

D　住民基本台帳法と番号法

[1]　住民基本台帳ネットワークシステム（住基ネット）

　住民基本台帳法は住民の本人確認情報の一元的管理を定めるが、平成 11 (1999) 年の法改正による住民情報の検索システムに対して、訴訟が提起された（住基ネット訴訟・最判平成 20・3・6 民集 62 巻 3 号 665 頁➡第 5 章「コラム」）。

[2]　番号法と自治体

　平成 25 (2013) 年に番号法（行政手続における特定の個人を識別するための番号の利用等に関する法律）が制定され、平成 28 (2016) 年から主に社会保障（年金・雇用保険・医療保険・生活保護等）、税、災害対策・被災者支援等の行政事務で利用が開始されている（番号 9 条 1 項）。個人番号は、住民票コードを変換して得られる番号で、当該住民票コードが記載された住民票に係る者を識別するために指定される。番号法はこの個人番号を活用した情報管理システムを運用するために必要な事項を定めている。関係機関によるデータマッチング（情報の照合・提供・利用）を可能にし、効率的な情報の管理・利用、迅速な情報の授受を実現するものである。ただ、運用においては、民間事業者もその情報を共有することから、個人番号の利用範囲は広がりうる。住民の利便性の向上は期待できる反面、情報流出などのリスクも高まる。そこで、番号法は、個人番号等の取扱いの厳格化、特定個人情報保護評価の義務付け、個人情報保護委員会の設置などを定めている。さらに、令和 3 (2021) 年には個人情報保護法の一元化を承けた改正が行われた。

　番号法上、自治体の責務には、「個人番号その他の特定個人情報の取扱いの適正を確保するために必要な措置」のほか、「地域の特性に応じた施策」

の実施がある（同5条）。まず、法定受託事務として、個人番号の指定、個人番号カードの交付、個人番号の利用事務および関係事務を行う。また、個人番号および個人番号カードの独自利用（同9条2項・18条）、特定個人情報ファイルの作成（同29条）、特定個人情報の提供連携（同19条）、情報提供ネットワークによる連携（同19条8号・9号）、特定個人情報保護評価の導入（同27条1項）などがある。現在、自治体の独自利用条例（同9条2項）の制定が進んでいる。

知識を確認しよう

問題

(1)　自治体が情報公開の水準を高めるためにはどのような工夫が必要か。
(2)　個人情報保護制度の一元化は自治にどのように影響するだろうか。
(3)　行政機関等匿名加工情報制度はどのような目的で導入されたのだろうか、また、自治体はどのように対応すべきだろうか。

指針

(1)　自治体は様々な外郭団体や指定管理者などを実施機関としてどのように位置付けているのか、身近な条例を中心に実際に調べてみよう。
(2)　法律の範囲内で条例制定権がどこまで認められるのかを考えよう。
(3)　行政機関等匿名加工情報制度（個人情報109～123条）を確認し、条文に則して自治体の機関の役割を考えよう。

本章のポイント

1. 地方公共団体は、住民の権利の保障や福祉の向上を目的とする行政活動を支えるために自治財政権（自主財政権）をもつ。本章では、主な財務法規に即して、地方公共団体の財務会計の諸制度を学ぶ。

2. 財務の基本制度である予算・決算、収入・支出の仕組みを整理し、特に地方税の自主課税権の意義、補助金行政の課題、財政の健全化などを学ぶ。

3. 地方公共団体が行う契約の類型と方法、公有財産の分類と適正な管理・利用を規律するルールを学ぶ。

4. 財政破綻を防止し、財務の適正さをチェックする制度として外部監査の役割や仕組みを学ぶ。

1 自治体財務と財務法規

　地方公共団体は財産を管理し、事務を処理し、行政を執行する権能を有する（憲94条）。地方公共団体が行政活動を行うためには経費が必要である。経費を取得・使用する財政活動がなければ、行政活動を行えない。自治行政を実現するためには、課税や予算の執行など財政運営に関する権能が必要である（自主財政権・自治財政権）。このように、地方公共団体が必要とする財源の取得・調達、管理・運営、支出・使用等の作用の総体を自治体財務という。財務は住民の権利の保障や福祉の向上を目的とする行政活動を支え、その内容を規律することに積極的な意義がある。

　自治体財務を規律するための法律を財務法規という。地方自治法（第2編第9章）および施行令に加え、地方財政法、地方公営企業法、地方税法、財政健全化法、財政援助制限法などの法律、さらに独自の条例および財務規則がこれに含まれる。財務の処理には公平性と効率性が求められるが、これら2つの要請は矛盾することもある。財務法規の解釈では、両者をどのように調和させるのかが課題となる。

2 会計

A 会計年度

　収入支出の計算を区分・整理することによって、財務会計を明確にするために定められた一定の期間を会計年度という（現金・物品の出納・保管などの事務を会計という）。これは財務の基本である予算が効力をもつ期間を意味している。地方公共団体の会計年度は毎年4月1日から翌年3月31日までとされ（208条1項）、会計年度の歳出はその年度の歳入を充てなければならない（同2項）。つまり、ある会計年度の収入支出を次の年度にわたって処理できない。これは放漫財政を防止する趣旨である（会計年度独立の原則）。ただ、これを厳格に適用すると反って非効率である場合には、例外的に、①

継続費の逓次繰越し（212条）、②繰越明許金（213条）、③事故繰越し（220条3項ただし書）、④過年度収入・過年度支出（自治令160条・165の8条）、⑤歳計剰余金の繰越し（233条の2）、⑥翌年度歳入の繰上充用（243条の5、自治令166条の2）が定められている。

B　会計の区分

　財政状況を正確に把握するには、財務の基本単位である会計は単一であることが望ましいが（予算単一主義）、地方公共団体の事務は多岐にわたるので、実務上単一の会計ですべてを処理することは難しい。そこで、地方公共団体の会計は特別会計と一般会計に分けられている（209条1項）。特別会計は、地方公共団体が特定の事業を行う場合（公営企業会計等）や特定の歳入を特定の歳出に充て、一般の歳入歳出と区別して経理する必要がある場合（貸付金事業会計等）に条例で設置される（同2項）。特別会計が法律で義務付けられている場合には条例で定める必要はない（地公企17条、国健保10条、介保3条2項、農業災害補償法99条の2第2項等）。水道、交通、病院、宅地造成、国民健康保険、介護サービスなどの事業会計に特別会計が設置される。

　特別会計以外は一般会計である。一般会計は現金主義（現金収支を基礎とする経理）を採用するのに対して、特別会計のなかで公営事業会計は発生主義（財産物品等の増減や異動の事実を基礎とする経理）である。一般会計と特別会計のうち公営事業会計以外の会計をあわせたものを普通会計という。

3　予算と決算

A　予算の意義・内容

[1]　予算の意義

　一会計年度における歳入歳出の見積計画のことを予算という。予算は、一会計年度における収入支出すべての予定を明らかにすることによって、収支内容や事務事業の概要を財政の観点から規律することに意義がある。また、予算を作成して初めて財務の権限が与えられるという意味では、予

算には執行権者の権限を規律・拘束する効力がある。具体的には、予算の内容は、歳入歳出予算、継続費、繰越明許費、債務負担行為、地方債、一時借入金、各項の経費の流用から構成される（215条）。

[2] 予算の内容

(1) 歳入歳出予算

一会計年度における収入支出の見積計画を歳入歳出予算という。そして、一会計年度における一切の収入支は出歳入歳出予算に編入しなければならないこと（210条）を総計予算主義という。財政を適切に管理するためには予算制度による統制の下で把握できない支出を認めないという趣旨である。

(2) 継続費

歳出予算の経費のなかで数年度にわたって支出を要する事業（履行に複数年を要する建設事業など）について、その経費の総額および年割額を定めて、数年度にわたって支出できるものがある。これを継続費という（212条）。当初年度に各年度の支出額を定めるが、各年度の支出は当該年度の歳出予算に計上されなければならない。

(3) 繰越明許費

繰越明許費とは、歳出予算の経費のうち、その性質上または予算成立後の事由に基づいて年度内にその支出を終わらない見込みがあるものについて、予算に定めによって、翌年度に繰り越して使用できる経費のことをいう（213条）。翌年度に繰り越して使用する歳出予算の経費は、実質的には前年度予算になるので、当該歳出に充てるために必要な歳出財源も翌年度に繰り越される（自治令146条1項）。なお、事故繰越しは、年度内に支出負担行為をし、災害など避けがたい事故のため年度内に支出が終わらなかった場合に限られる（220条3項ただし書）。

(4) 債務負担行為

歳出予算、継続費、繰越明許費以外に、地方公共団体が将来的に債務を負担するときに、予算で定めておくものを債務負担行為という（214条）。例えば、翌年度以降に経費の支出を伴う公共工事の契約の締結などである。

(5) 地方債

歳入が不足したときに、地方公共団体が資金調達のために一会計年度を

超えて負担する借入金を地方債という。原則として地方公共団体は地方債
以外の歳入を財源にしなければならないが（地財5条）、地方債を認められ
ることがある（230条1項）。起債の際には、目的、限度額、起債方法、利率、
償還方法を予算で定め（同2項）、議会の議決を得なければならない（96条1
項2号）。かつて地方債は自治大臣（当時）または都道府県知事の許可制だっ
たが、法改正により協議制が採用された（地財5条の3第1項・2項）。協議制
では、同意を得られなくても、議会への事前報告により起債できる（同10
項）。ただ、同意がないと、公的資金の借り入れはできない（同8項）。

(6) 一時借入金

一時借入金とは、歳出予算内の資金不足を補う臨時の借入金である。地
方公共団体の長は、歳出予算内の支出をするため、一時借入金を借り入れ
ることができるが、最高額は予算で定めなければならない（235条の3第1
項・2項）。一時借入金は支出現金の不足を補うために単年度資金を借入れ
るので、その会計年度の歳入で償還しなければならない（同3項）。

(7) 歳出予算の各項の経費の金額の流用

歳出予算の経費は、各款の間または各項の間において相互に流用できな
いのが原則だが、予算執行上必要がある場合に限り、予算に定めて各項間
の費目流用を例外的に認めることがある（220条2項ただし書）。

流用とは、予算の補正等を行わないで、一定の経費に充てるための財源
を他の支出費目に充当する予算執行上の処理方法のことである。比較的軽
微な事項についてまで、補正予算によらなければ予算の流用を一切許さな
いと、かえって行政運営を円滑に行えないことがある。そこで、定型的な
人件費などについては、経費の流用を予算上の措置としたのである。

B 予算の手続

[1] 予算の調製権と議決権

予算案を作成することを予算の調製という。地方公共団体の長は、毎会
計年度予算を調製し、議会に提出して、年度開始前に議会の議決を経なけ
ればならない（211条1項・2項）。予算の調製権と議会への提出権は、長の
専権事項である（149条1号・2号）。ただ、予算案の作成に当たり、教育に
関する部分は、教育委員会の意見を聞かなければならない。

　予算の成立には議会の議決を要する。つまり、議会は予算の議決権をもち、予算案を否決あるいは修正可決することができる。議会は予算を増額修正できるが、長の権限である予算の提出権を侵すことはできない（97条2項）。ただし、減額修正にはこのような制約はない。

　長は、予算の調製後に生じた事由に基づいて、既定の予算に追加など変更を加える必要が生じたときには、補正予算を調製し（218条1項）、また、必要に応じて一会計年度のうちの一定期間に係る暫定予算を調製し、議会に提出できる（同2項）。ただ、暫定予算は、あくまで暫定措置であり、当該会計年度の予算成立後には失効し、暫定予算に基づく支出または債務負担は当該会計年度の本予算に基づく支出または債務負担とみなされる（同3項）。

[2] 予算の執行権

　予算の執行は地方公共団体の長に専属する（149条2号）。長は政令の基準に基づいて予算執行の手続を定めて、予算を執行しなければならない（220条1項）。具体的には、①予算の計画的かつ効率的な執行を確保するため必要な計画を定めること、②定期または臨時に歳出予算の配当を行うこと、③歳入歳出予算の各項を目節に区分するとともに、当該目節の区分に従って歳入歳出予算を執行することが政令で定められている（自治令150条1項）。

C　決算
[1] 決算の調製・認定・公表

　一会計年度に執行した予算の適正さを検証するための記録を決算という。決算は事後的な財政報告であり、違法や不当な支出の効力を失わせるものではない。予算執行の適正さを検証することで、その会計年度の事業について財政上の責任を明らかにすることに意義がある。

　決算の調製は、会計管理者の権限である。会計管理者は、毎会計年度に政令の定めるところにより決算を調製し、出納の閉鎖後3か月以内に証書類やその他政令で定める書類（決算付属書類）をあわせて、地方公共団体の長に提出しなければならない（233条1項）。長は決算と決算付属書類を監査委員の審査（決算審査）に付し、監査委員の意見（同4項）を付けて、次の予算を審議する会議までに議会の認定に付さなければならない（同2項・3項）。

監査委員は専門的で中立的な立場から財務手続において監査を行う。この決算審査では、計算の過誤の有無、収支と収支命令の一致、支出の適法性、財政運営の適法性、予算執行の効率などが主眼となる。

地方公共団体の長は、決算を議会の認定に付す際に、決算付属書類に加えて、その会計年度内の主要な政策の成果を説明する書類を提出しなければならない（233条5項）。住民の代表機関である議会は、予算執行の適法性を審査する。審査の結果、議会は決算を認定しなくてもよいが、その場合でも、すでに行われた収入・支出等の効力には影響はない（確認行為）。ただし、決算が認定されなければ、長には政治的責任が生じうる。なお、長は、決算の認定に関する議案が否決された場合に、当該議決を踏まえて必要と認める措置を講じたときには、速やかに当該措置の内容を議会に報告・公表しなければならない（同7項）。最後に、長は議会の認定に付した決算の要領を住民に公表し、議会が決算を認定しなかった場合には、その旨を明示しなければならない（同6項）。

[2] 歳計剰余金の処分

歳計剰余金（一会計年度における実際の収入から支出を差し引いた残額）が生じたときには、翌年度の歳入に編入しなければならない。ただし、条例の規定や議会の議決があれば、剰余金の全部または一部を翌年度に繰り越さずに基金に編入することもできる（233条の2）。地方公共団体は、各会計年度における余剰金の2分の1を下らない金額は、これを剰余金の生じた翌々年度までに積み立て、または償還期限を繰り上げて行う地方債の償還財源に充てなければならない（地財7条）。

[3] 財政の健全化

地方公共団体の財政を規律し、早期健全化や再生、公営企業経営の健全化を図ることを目的として、地方財政再建促進特別措置法（昭和30〔1955〕年）に代えて、平成19（2007）年に財政健全化法（地方公共団体の財政の健全化に関する法律）が制定された。これにより、地方公共団体の長は、毎年度、決算の提出を受けた後、速やかに、健全化判断比率とその算定の基礎となる事項を記載した書類を監査委員の審査に付し、その意見を付けて当該健全

化判断比率を議会に報告し、さらに公表することが義務付けられることになった（地財健全化3条）。つまり、自治体財政の健全化を判断する指標である健全化比率（実質赤字比率、連結実質赤字比率、実質公債費比率、将来負担比率）を定めて（地財健全化2条1項～4項）、それを自治体に公表させ、その比率が一定の基準（早期健全化基準と財政再生基準）を超える場合に、「財政健全化計画」と「財政再生計画」の策定を義務付け、それを実施するための措置を定めたのである。ただ、この財政健全化法については、財政破綻を防止するという目的に対する有用性や合理性に疑問があるほか、定められる指標や基準の概念が必ずしも明確ではなく、一方的に定められることから、地方公共団体に対する国の財政統制の強化になりうるとの批判もある。

4 収入と支出

A 収入

[1] 収入の意義

　地方公共団体の経費に充てるための財源となる現金（証券を含む）を収納することを収入という。地方自治法上の収入には、地方税、分担金、使用料、加入金、手数料、地方債がある（233条以下）。地方自治法以外の法律に基づく収入には、国からの地方交付税、地方譲与税、負担金、交通安全対策特別交付金、国庫支出金（国庫補助金・国庫負担金・国庫委託金）がある。

　なお、財源の性質上の分類として、使途に（使途が限定されているかどうかに）着目すると、一般財源と特定財源に分けられる。地方税と地方交付税は一般財源に、国庫支出金と地方債は特定財源になる。さらに、賦課徴収の主体に着目して、自主財源（自治体が額を決めて賦課徴収するもの）と依存財源（国が額を決めて自治体に交付するもの）を分類できる。

[2] 収入の内容

(1) 地方税

　地方公共団体が活動に要する経費に充てる資金を調達するために、自主

課税権に基づいて強制的に徴収する金銭を地方税という。地方税には、特定の経費に充てる目的税（都市計画税等）と、使途を特定せず一般経費に充てる普通税（市町村民税）がある（地税4条1項・5条1項）。また、税目が特定されている法定税に対して、地方公共団体が一定の手続に従って課す法定外税がある（地税4条3項・5条3項）。さらに、法定外税には法定外普通税の他、地方分権一括法による地方税法改正で認められた法定外目的税がある（地税4条6項・5条7項・731条1項）。法定外税の新設・変更の場合には、総務大臣との事前協議において同意を要する（地税259条1項・669条1項）。ただし、総務大臣は協議の申出を受けた場合には、地方税法が定める場合を除いてこれに同意しなければならない（地税261条・671条・733条）。

　地方自治法上、地方税の課税権が定められているが（223条、地税2条）、具体的な税目、課税客体、課税標準、税率、賦課徴収方法は条例で定めなければならない（地税3条1項・地方税条例主義）。この自主課税権は租税法律主義（憲30条・84条）との関係で問題になる。判例・通説では、自主課税権は「行政を執行する権能」（憲94条）に含まれ、条例による課税も認められている（➡第9章）。ただ、税を具体化するのは地方税法であり、地方公共団体はその枠組内で賦課徴収しうるにすぎないと解されている（大牟田市電気ガス税訴訟・福岡地判昭和55・6・5判時966号3頁、神奈川県臨時特例企業税事件・最判平成25・3・21民集67巻3号438頁）。また、条例で税率や税額など課税要件の一部を定めずに、行政の判断に委ねることはできない（秋田市健康保険税事件・仙台高判秋田支判昭和57・7・23行集33巻7号1616頁）。条例で課税要件をどの程度まで明確に定めるかは、賦課徴収の強制の程度、徴収する税の目的・性質等を総合考慮して判断される（旭川市国民健康保険条例事件・最大判平成18・3・1民集60巻2号587頁）。

(2) 分担金・負担金・使用料・手数料・加入金

　①分担金とは、数人または地方公共団体の一部に対し利益のある事件に関し、その必要な費用に充てるため、当該事件により特に利益を受ける者から、その受益の限度で徴収するものをいう（224条）。②負担金は、特定の経費に充てるために、その事業に関係のある者に対して金銭負担を課して徴収するものをいう。負担金は、地方自治法ではなく個別法および地方財政法で規定されている。③使用料とは、使用または利用の対価として徴

収する金銭のことである。使用料には、行政財産の目的外使用または公の施設の利用について徴収される金銭（225条）、旧慣による公有財産の使用につき徴収される金銭（226条）、地方公営企業の利用につき徴収される金銭（地公企21条）、地方公共団体が管理する国の営造物の使用につき徴収される金銭（地財23条）がある。④手数料とは、印鑑証明・身分証明の発行や書類・公簿の閲覧など、特定の者への事務について徴収する金銭のことである（227条）。⑤加入金とは、旧慣による公有財産（山林・ため池など）の使用が認められている場合に、新たにその使用の許可を受けた者から徴収する金銭のことをいう（226条・238条の6）。なお、「旧慣」（旧来の慣行）とは市制町村制の施行以前からある慣行のことである。

　以上の分担金・使用料・手数料・加入金の賦課徴収方法等は条例で定められる（228条1項、地財23条）。ただ、全国で統一して定めることが特に認められる事務（標準事務）の手数料の徴収については、政令（地方公共団体の手数料の標準に関する政令）で定められる金額を標準として、条例で定めなければならない（228条1項後段）。

(3) 地方債（➡本章3節 A [2] (5)）

(4) 地方交付金・地方譲与税

　地方交付金とは、国税のうち、所得税・法人税・酒税・消費税の収入額の一定割合と地方法人税の収入額を、地方公共団体ごとの財源不足額の規模に応じて、国が地方公共団体に配分する税のことである。国は地方交付税の配布に当たっては、地方自治の本旨を尊重しなければならず、条件をつけたり、その使用を制限したりできない（交付税3条2項）。地方交付税は、地方公共団体の一般財源として交付され、地方税収と同じ収入として処理される。地方交付税は、地方公共団体間の財政力の不均衡を解消し（財政調整機能）、どの地方公共団体にも行政水準を維持するために必要な財源を保障する仕組みである（財源保障機能）。しかし、地方公共団体の財政規律の観点からは、規模や交付の仕組みについて問題も指摘されている。つまり、自治体財政の収支の不均衡の拡大、財政規律の軽視、仕組みの不透明さなどは改善すべき課題である。

　地方譲与税は、形式上は国税として徴収された特定税目の税収を一定基準に基づいて地方公共団体に譲与するものをいう。実質的には地方公共団

体の財源だが、国が徴収事務を便宜上代行しているものと解されている。具体的には、地方発揮油譲与税、石油ガス譲与税、自動車重量譲与税、航空燃料譲与税、特別とん譲与税がある。

(5) 国庫支出金

地方公共団体の特定の事務・事業に要する経費（その全部または一部）に充てることを条件に（特定財源）、国から地方公共団体に支出される財政資金のことを国庫支出金という。国から交付される点では地方交付税と共通するが、使途が特定されている点で異なる。

国庫支出金には、①国と地方公共団体が利害関係をもつ事務について、国が共同責任者として一定割合の分担を義務付けられている国庫負担金（地財10条～10条の3）、②その施策を実施するために特別の必要があると認めるとき（政策的補助金）または地方公共団体の財政上特別の必要があると認めるときに交付される国庫補助金（同16条）、③国が本来行うべき事務・事業（国会議員選挙・国民年金・雇用保険の経費など）を地方公共団体が行う場合の経費が交付される国庫委託金（同10条の4）がある。地方財政法上、①と②は区別されるが、交付については補助金等として同一手続が適用される。これら国庫支出金は使途を特定した財源配分手段であることから、地方分権の面では、地方の財務運営の自主性や効率性を阻害するとの批判も強い。

なお、①について、国からの交付金の不足分を地方公共団体が負担することがある（超過負担問題）。この超過負担に対して、地方公共団体が国を提訴した事例があるが、差額の支払いは認められるわけではない（摂津訴訟・東京地判昭和55・7・28行集31巻7号1558頁）。②については、国賠法上の営造物の設置・管理の責任（2条）につき、費用負担者（3条）として国が賠償責任を負うこともある（最判昭和62・10・30判時1264号59頁）。

B 支出

[1] 支出の意義・方法・手続

地方公共団体は、事務を処理するために必要な経費、その他法律や政令によって地方公共団体の負担に属する経費を支弁する（232条1項）。このように、行政需要を充たすために必要な経費を支払うことを支出という。

支出は、長が支出負担行為をし、支出を命令し（149条2項）、会計管理者

が支払を行う（170条2項1号・2号）。支出負担行為と支出命令は予算執行権者である長の権限だが、支払うのは会計管理者である。命令と執行の権限を分離することで歳出予算の執行の適正さをチェックする趣旨である。

支出負担行為とは、地方公共団体の支出の原因となるべき契約、補助金等の交付その他給付の決定等、支出の原因となる一切の行為をいう。これは法令や予算の定めに従って行わなければならない（232条の3）。

会計管理者は、地方公共団体の長の政令で定める命令（自治令160条の2）がないと、支出をできない（232条の4第1項）。また、会計管理者は、長の支出命令後、支出負担行為が法令や予算への違反がないことと支出負担行為に係る債務が確定していることを確認したうえで支出しなければならない（232条の4第2項）。支出審査の結果、法令・予算の違反や債務未確定の場合には、会計管理者は支出できずに支出命令を長に差し戻す。

さらに、支出は債権者のためでなければ行えない（232条の5第1項）。つまり、金額が確定し支払期限が到来しているときに、支出の相手方が正当な債権者であることを要する。ただ、一定の場合には、資金前渡、概算払、前金払、繰替払、隔地払、口座振替による支払も認められ、それぞれ対象となる経費や条件が定められている（同2項、自治令161〜165条の2）。

[2] 支出の制限

地方公共団体は、公益上必要があるときには寄附や補助をすることができる（232条の2）。これは、寄附や補助に関わる支出が無制限に行われないように、財政運営の秩序を維持するために制約を定める趣旨である。つまり、公益性がなければ寄附や補助を行えない。公益性の判断には地方公共団体に裁量権が認められるが、その判断過程の公正性や透明性を確保するために、条例・規則を制定する地方公共団体も増えている。裁量権の行使に逸脱濫用があれば支出は違法となる。元県議会議員の団体への支出（最判平成18・1・19判時1925号79頁）は違法だが、日韓高速船第三セクターへの支出（最判平成17・11・10判時1921号36頁）、町施設の委託団体への支出（最判平成17・10・28民集59巻8号2296頁）、政治団体への補助金支出（最判昭和53・8・29判時906号31頁）には公益性が認められた。

また、地方公共団体は、宗教上の組織・団体の便益・維持のために、ま

た公の支配に属しない慈善、教育、博愛の事業に対して、公金を支出し、公
の財産の利用に提供してはならない（憲89条）。靖国神社・護国神社への玉
串料等の奉納（愛媛玉串料訴訟・最大判平成9・4・2民集51巻4号1673頁）や神社
への市有地の無償提供は政教分離（憲20条3項・89条）違反になる（砂川空知
太神社訴訟・最大判平成22・1・20民集64巻1号1頁）。

5　契約

A　契約の意義

　地方公共団体も事務処理上の必要に応じて売買や請負等の契約を行う。
私法上の契約は私人と対等な立場で行われるので、基本的には民法や商法
などが適用される。しかし、地方公共団体の契約は財務として行われる点
では公正さと適正さが求められるので、一般法に対する特例や契約自由の
原則に対する制限が定められている。また、契約の締結は予算の執行に当
たるので、法令や予算に基づいて、地方公共団体の長の権限で行われる
（149条2号）。ただ、条例で定める場合など一定の契約については、議会の
議決を要する（96条1項5号～8号、自治令121条の2）。

B　契約の方法・手続

[1]　契約の方法

　地方公共団体が行う契約方法には、一般競争入札、指名競争入札、随意
契約またはせり売りがある（234条1項）。経費は税金である以上、一般競争
入札によることが原則だが（最判平成18・10・26判時1953号122頁）、政令で定
める場合には他の方法によることもできる（同2項、自治令167条～167条の3）。

　基本になる一般競争入札とは、契約の相手方を選定する手続に、一定の
資格をもつ不特定多数の参加を認めて、そのなかから契約目的に応じて、
原則として地方公共団体にとって最も有利な価格で申込みをした者と契約
を行う方法をいう（234条3項）。契約手続における公平性と機会の均等を確
保するための方法である。

　指名競争入札とは、契約の種類や金額に応じて、契約履行能力に一定の資格（工事、製造または販売等の実績、従業員の数、資本の額その他経営の規模および状況を要件とする資格）を事前に定めて、当該資格者のなかから適当と認める者を指名したうえで、競争入札させて、契約の相手方を決定する方法である（自治令 167 条の 5 第 1 条・167 条の 11 第 2 項・167 条の 12）。指名競争入札は政令で定める場合に限られている（234 条 4 項、自治令 167 条）。例えば、公共工事において技術力や資金力で一定条件を充たす事業者と契約する必要があるなど契約の性質や目的が一般競争入札に適しないような場合である。

　競争入札によらずに、地方公共団体が任意に相手方を選択して契約する方法を随意契約という。随意契約は、契約の金額が一定額以下の場合など、政令で定める条件に該当するときに限られている（234 条 4 項、自治令 167 条の 2）。随意契約は手続が簡単で経費がかからないという利点があるが、適正価格や公正な機会の確保という要請からは問題もある。結局、随意契約の許否は、契約の種類・内容・性質・目的など諸般の事情を考慮し、契約担当者の合理的な裁量判断によって決定される（福江市ゴミ焼却場事件・最判昭和 62・3・20 民集 41 巻 2 号 189 頁）。なお、違法な随意契約が私法上も当然に無効になるわけではない（最判昭和 62・5・19 民集 41 巻 4 号 687 頁）。最後に、せり売りとは、買受人が口頭等により価格を競う方法である。動産売払のなかで、この方法が適するものに行われる（234 条 2 項、自治令 167 条の 3）。

[2] 新しい契約手法

　契約において価格以外の指標を考慮するために考案されたのが、総合評価方式やプロポーザル方式である。まず、総合評価方式とは、価格以外の要素（品質や施行方法に関する技術的な条件など）を含めて、事業者を総合的に評価し、高得点を獲得したものを選定する手法である。価格だけでなく、多様な要素を総合的に評価して落札者を決定するという点で、競争入札の一種である（自治令 167 条の 10 の 2）。プロポーザル方式とは、契約の「性質又は目的が競争入札に適しないもの」（自治令 167 条の 2 第 1 項 2 号）で、事業者の経験、技術、判断などの専門性、創造性、芸術性、独創性などを考慮する随意契約の一種である。例えば、公共工事における建築・設計などに適した契約手法だとされる。

　こうした契約手法で、さまざまな判断要素から事業者を多角的に評価できることが利点である。しかし、審査基準をどう設定するのか、具体的な判断における恣意性（主観性）をいかに抑制するのか、選定過程の透明性・公平性をいかに確保するのかなどの課題もある。また、公共調達は市場への影響力も大きいことから、雇用の創出、職業訓練など地域経済への効果や、男女雇用の平等化、障害者雇用の促進、環境問題への取組みのように、物品調達という本来の目的だけでなく、ある政策課題を達成するという副次的な効果も期待されている。いずれにせよ、公共調達における契約手法の選択には、行政のより丁寧な説明責任が求められる。

コラム　公契約条例と公共調達

　競争入札は透明性・効率性・公平性などの点で公契約に最も適した方法だが、近年の公共工事費の縮減と著しい落札競争による弊害も指摘されている。低入札価格による下請け事業者へのしわ寄せの問題として、賃金や労働条件の低下（官製ワーキングプア）、また、それによる安全確保の不備などのリスクがある。対策として、国は入札契約適正化法（平成16〔2004〕年）を制定した。自治体も独自の対策に取り組んでいる。その一つが公契約条例の制定である。これは、財政規律を遵守しながら、一定の社会経済的効果を高めるための契約条項を組み込み、その実施を通して政策目標を達成しようという新しい手法である。市町村における最初の公契約条例の制定は千葉県野田市の条例である（平成21〔2009〕年）。現在は多くの自治体に拡大している（令和3〔2021〕年現在、67自治体）。野田市条例は目的を「公契約に係る業務に従事する労働者の適正な労働条件を確保することにより、当該業務の質の確保及び公契約の社会的価値の向上を図り」、「市民が豊かで安心して暮らすことのできる地域社会を実現すること」と定めている。公契約条例は、公共調達という目的だけでなく、契約の付随的な効果として、労働・福祉・経済など公共政策上の目標を組み込むものである。財政の執行の範囲で一定の政策効果を高める点に意義があるといえる。

[3] 契約の手続

　一般的な契約は申込みと承諾により成立するが、地方公共団体が契約書を作成する場合には、両当事者が契約書に記名押印しなければ、契約は成立しない（234条5項）。

　また、地方公共団体は、契約の相手方に契約保証金を納付させなければならない（234条の2第2項、自治令167条の16第1項）。相手方が契約上の義務を履行しないときには、契約保証金は地方公共団体に帰属する（同条2項）。つまり、この契約保証金は相手方の債務不履行による損害への補てんになっている（損害賠償の予定）。契約を締結した場合には、地方公共団体の職員は、契約の適正な履行の確保や給付完了の確認のために必要な監督や検査をしなければならない（234条の2第2項、自治令167条の16）。

6 　財産

A　地方公共団体が保有する財産の範囲

　地方自治法上、地方公共団体の財産とは、①公有財産、②物品および④債権ならびに⑤基金を指す（237条1項）。通常は財産権の対象になるものでも、占有権、賃借権は地方自治法上の財産に含まれない。歳計現金（地方公共団体の歳入歳出に属する現金）も財産に含まれず、現金の出納及び保管に関する規定（235条〜235条の5）により管理される。地方公共団体の財産は、公正で効率的な管理を要するので、管理対象とする財産の範囲が限定されているのである。

　さらに、地方公共団体の財産は、条例や議会の議決によらなければ、交換、出資の目的や支払手段としての使用、適正な対価のない譲渡・貸付が禁止される（237条2項）。普通財産である土地や国債等の有価証券も、議会の議決によるなど、一定の場合を除いて信託できない（同3項）。

B　公有財産

[1]　公有財産の分類

　公有財産とは、地方公共団体が保有する財産のなかで、基金に属するものを除いて、①不動産、②船舶・浮標・浮桟橋等・航空機、③左記①②の不動産および動産の従物、④地上権・地役権・鉱業権等、⑤特許権・著作権・商標・実用新案権等、⑥株式・社債・地方債証券・国債証券等、⑦出資による権利、⑧財産の信託の受益権をいう（238条1項）。

　公有財産は、所有目的に応じて、行政財産と普通財産に分けられる（同3項）。さらに、行政財産には、公用財産と公共用財産がある（同4項）。公用財産とは、自治体が直接に公務のために使用することを目的とする財産であり、市庁舎や議事堂等の建物などがこれに該当する。公共用財産とは、直接に住民の一般的な使用・利用に供するための財産であり、道路・公園・学校・病院・市民会館の敷地および建物など公の施設の構成要素がこれに該当する。行政財産以外の一切の公有財産を普通財産という（238条4項）。普通財産には、貸付け・交換・売払・譲与・出資目的・私権設定など経済的価値に基づく利用が許されている（238条の5第1項）。

[2]　公有財産に対する権限と総合調整権

　公有財産の取得・管理・処分は、地方公共団体の長の権限に属する（149条6号）。例外的に教育委員会（教育行政21条2項）やその他の委員会等の権限（189条の2）によって取得・管理することがある。しかし、その場合には、地方公共団体として統一的・合理的に取得・管理できるように、公有財産を効率的に運用するための総合調整権が長には認められている（238条の2）。

[3]　行政財産の取得・管理および処分

　行政財産は、住民や自治体の使用に供されるので、適正で効果的な管理を要する。貸付け・交換・売払・贈与・出資・信託または私権設定は禁止され、違反行為は無効となる（238条の4第1項・6項）。ただし、行政財産は、その用途や目的を妨げない限度で、例外的に貸付けや私権の設定が認められ（同2項）、さらに同じくその使用が許されることがある（同7項）。これを行政財産の目的外使用許可という。例えば、市庁舎や公立病院に本来の

目的とは直接には関係のない売店・食堂の設置を許可するような場合である。目的外使用を許可した場合において、公用または公共用に供する必要を生じたときや許可条件への違反があったときは許可を取り消しうる（同8項・9項）。目的外使用の許可には裁量権が認められるが、恣意的な使用拒否は裁量権の逸脱濫用となる（最判平成18・2・7民集60巻2号401頁）。

C 物品・債権・基金

物品とは、地方公共団体が所有する動産（現金、公有財産・基金に属するものを除く）および使用のために保管する動産（政令で定める動産を除く）のことである（239条1項、自治令170条）。物品の出納および保管は会計管理者が行う（170条2項4号）。会計管理者は、地方公共団体の長の通知がなければ、物品を出納できない（239条5項、自治令170条の3）。現金の出納と同じく、命令機関と執行機関の権限を分離し、適正な管理を図る趣旨である。

債権とは、金銭給付を目的とする地方公共団体の権利のことをいう（240条1項）。債権には、地方税、分担金、使用料、手数料等の公法上の債権だけでなく、物件の売払代金や貸付料金など私法上の収入に関する債権が含まれる。債権について、地方公共団体の長は督促や強制執行その他の保全および取立てに必要な措置をとらなければならない（同2項）。また、その徴収停止、履行期限の延長、債務の免除をすることもできる（同3項）。

地方公共団体は、条例の定めにより、①特定の目的のために財産を維持し、資金を積み立てるための基金、②特定の目的のために定額の資金を運用するための基金を設置できる（241条1項）。これら基金は、その目的に応じて、確実かつ効率的に運用しなければならない（同2項）。

7 外部監査制度

A 監査制度の意義

事務もしくは業務の執行または財産の状況を検査し、その正否を調べることを監査という。地方公共団体の監査制度には、①地方公共団体内部の

独立した執行機関である監査委員による監査（199条）と②外部監査人による監査がある。これら2つの監査制度によって、地方公共団体の行財政が法令を遵守し、公正かつ適正に運営されているかを効果的にチェックすることが期待されている。以下では、外部監査制度を説明する。

外部監査は、平成9（1997）年の法改正によって導入された制度である（第2編第13章）。地方公共団体の自主的な監査機能を強化するため、従来の監査委員以外に、公務員の地位にない一定の資格等をもつ外部の専門家が地方公共団体との契約に基づいて監査を行う制度である。つまり、外部監査制度では、監査の独立性と専門性を強化することが主眼だといえる。

外部監査制度が導入された経緯には2つの要因が指摘される。第1に、地方分権の推進に伴う必要性である。地方分権を進めるためには、事務処理について、国の関与ではなく、地方公共団体自身のチェック機能を強化する必要があると考えられたのである。第2に、不適切な予算執行や不健全な財務状況などの問題に対処するために監査機能をさらに強化する必要があった。90年代の情報公開請求や住民の監査請求および住民訴訟の活性化を通じて財務処理上の諸問題が注目されると、自治体財務を監視するために制度的な対応が必要とされたのである。

B 外部監査契約の概要

外部監査契約には、年間契約によって全般的な監査を委ねる包括外部監査契約と特定の案件について契約を締結する個別外部監査契約がある（252条の27第1項）。包括外部監査契約とは、地方自治法2条14項および15項の趣旨を達成するために、外部監査人の監査を受け、結果報告を受けることを内容とする契約のことである（同2項）。都道府県、指定都市、中核都市はこの監査を義務付けられ、それ以外の市町村は条例により実施できる。

個別外部監査契約とは、監査委員以外の者による要求や請求に基づいて監査委員が監査を行う場合において、その要求や請求をする者が外部監査を求めたときに、法律の定めによって、外部監査を受け、その結果の報告を受けることを内容とする契約のことである（同3項）。この監査は、条例で実施を定めた地方公共団体において特例的に行われる。

外部監査契約を締結できる者は、地方公共団体の財務管理や事務の経営

管理その他行政運営に関し優れた識見をもつ者でなければならない。一定の資格（弁護士・公認会計士・税理士、国の行政機関における監査・財務等の経験者等）も必要とされる（252条の28第1項・2項）。

C 外部監査人に関する一般的事項

[1] 外部監査人の義務

外部監査人は監査委員と性質上は区別されるが、監査委員と同等の権限をもち、公務員と同等の義務を負う。具体的には、義務について外部監査人は、①外部監査契約に従い、善良な管理者の注意をもって誠実に監査する義務（252条の31第1項）、②常に公正不偏の態度を保持し、自らの判断と責任において監査する義務（同2項）を負う。さらに、③監査の実施に関する守秘義務を負い（同3項）、違反には刑罰が科せられる（同4項）。また、④刑法の適用に関して、外部監査人は「みなし公務員」とされ（同5項）、贈収賄罪および公務執行妨害罪の適用対象にもなる。

[2] 外部監査人と監査委員との関係

外部監査人と従来の監査委員は独立して監査を行うが、相互に配慮が求められる。外部監査人が監査を実施する際には監査委員に連絡を図るなど、監査に支障がないように配慮しなければならない（252条の30）。

[3] 地方公共団体との協力関係

議会、長など執行機関と職員は、外部監査人が監査を適正かつ円滑に遂行するために協力する努力義務を負う（252条の33第1項）。また、代表監査委員は、外部監査人の求めにより、監査委員の監査に支障のない範囲で職員を外部監査人の監査事務に協力させることができる（同2項）。また、議会は、外部監査人に説明を求め（252条の34第1項）、意見を述べることができる（同2項）。これは、住民代表の立場で議会が外部監査人の監査をチェックし、外部監査人の監査を通じて事務処理について説明を受けるという趣旨だと解されている。

D　外部監査の仕組み

[1]　包括外部監査契約に基づく監査

　包括外部監査人は、包括外部監査対象団体の①「財務に関する事務の執行」と②「経営に係る事業の管理」に関して（252条の37第1項）、「特定の事件」の監査を行う。包括外部監査人は、自己の見識と判断に基づいて、包括外部監査対象団体が住民の福祉を増進し、最小の経費で最大の効果を挙げるために（2条14項）、また組織および運営の合理化に努めるために（同15項）、最も効果的である「特定の事件」を選択することになる。「特定の事件」の対象は特に限定されないが、包括外部監査人は自身の専門性等を考慮し選択しなければならない。また、監査実施後、包括外部監査人は議会・長・監査委員や「特定の事件」に関係のある執行機関に、監査結果を報告しなければならない（252条の37第5項）。

[2]　個別外部監査契約に基づく監査

　包括外部監査契約においては外部監査人が監査対象を選択したが、個別外部監査契約では請求者等が選択する。監査は、以下の監査請求の監査に代えて行われる（252条の39〜252条の43）。①有権者（50分の1以上の署名）からの事務監査請求、②議会からの監査請求、③長からの監査請求、④長からの財政援助団体等への監査請求、⑤住民監査請求である。

知識を確認しよう

問題

(1) 自主課税権について、その意義と内容を検討しなさい。

(2) 自治体の補助金支出には裁量権が認められるが、それが違法になるのはいかなる場合だろうか。判例を参考にして検討しなさい。

(3) 外部監査制度の意義について、地方分権論の視点から検討しなさい。

指針

(1) 本文中の大牟田市電気ガス税訴訟や神奈川県臨時特例企業税条例事件の最判を参照し、自治体に固有の課税権の性質を考えよう。

(2) 本文中の各判例を参照にし、公益性の判断基準を考えよう。

(3) 地方分権化が進行すると、国からの指揮監督、関与、補助金など、国と地方との関係はどのように変わるかを考えよう。

参考文献

【概説書・体系書等】

阿部泰隆『地方自治法制の工夫——一歩前進を！』（信山社、2018）

板垣勝彦『自治体職員のための ようこそ地方自治法』（第一法規、第 3 版、2020）

板垣勝彦『地方自治法の現代的課題』（第一法規、2019）

猪野積『地方自治法講義』（第一法規、第 5 版、2020）

宇賀克也『地方自治法概説』（有斐閣、第 10 版、2023）

碓井光明『要説 住民訴訟と自治体財務』（学陽書房、改訂版、2002）

岡田正則ほか編『自治体争訟・情報公開争訟』（現代行政法講座Ⅳ、日本評論社、2014）

兼子仁『地域自治の行政法——地域と住民でつくる自治体法』（北樹出版、2017）

北村喜宣・山口道昭・磯崎初仁・出石稔・田中孝男編『自治体政策法務の理論と課題別
　　実践——鈴木庸夫先生古稀記念』（第一法規、2017）

北村喜宣『分権改革と条例』（行政法研究双書 19、弘文堂、2004）

小西砂千夫『新版 基本から学ぶ地方財政』（学陽書房、新版、2018）

川﨑政司『地方自治法基本解説』（法学書院、第 8 版、2021）

駒林良則・佐伯彰洋編『地方自治法入門』（成文堂、第 2 版、2021）

斎藤誠『現代地方自治の法的基層』（有斐閣、2012）

塩野宏『行政法Ⅲ 行政組織法』（有斐閣、第 5 版、2021）

塩野宏『国と地方公共団体』（有斐閣、1990）

地方自治制度研究会『地方分権 20 年のあゆみ』（ぎょうせい、2015）

中川義朗・村上英明・小原清信編『地方自治の法と政策』（法律文化社、2019）

原田尚彦『新版 地方自治の法としくみ』（学陽書房、改訂版、2005）

成田頼明『地方自治の保障《著作集》』（第一法規、2011）

人見剛・須藤陽子編『ホーンブック地方自治法』（北樹出版、第 3 版、2015）

松本英昭『要説 地方自治法——新地方自治制度の全容』（ぎょうせい、第 10 次改訂版、2018）

松本英昭『新版 逐条地方自治法』（学陽書房、第 9 次改訂版、2017）

松本英昭『地方自治法の概要』（学陽書房、第 6 次改訂版、2014）

村上順・白藤博行・人見剛編『新基本法コンメンタール 地方自治法』（別冊法学セミナ
　　ー、日本評論社、2011）

室井力・原野翹編『新現代地方自治法入門』（現代法双書、法律文化社、第 2 版、2003）

小幡純子・斎藤誠・飯島淳子編『地方自治判例百選』（別冊ジュリスト 266、有斐閣、第
　　5 版、2023）

第1章

芦部信喜著/高橋和之補訂『憲法』（岩波書店、第7版、2019）

齋藤康輝・高畑英一郎編『憲法』（Next 教科書シリーズ、弘文堂、第2版、2017）

那須俊貴『地方自治の論点』（シリーズ憲法の論点10、国立国会図書館調査及び立法考査局、2006）

廣田健次『日本国憲法』（有信堂高文社、1996）

総務省ウェブサイト

    http://www.soumu.go.jp/main_sosiki/jichi_gyousei/bunken/gaiyou.html

第2章

宇賀克也『地方自治法概説』（有斐閣、第10版、2023）

川﨑政司『地方自治法基本解説』（法学書院、第8版、2021）

駒林良則・佐伯彰洋編『地方自治法入門』（成文堂、第2版、2021）

松本英昭『新版 逐条地方自治法』（学陽書房、第9次改訂版、2017）

総務省ウェブサイト

    https://www.soumu.go.jp/main_sosiki/c-zaisei/kouei/02zaisei06_03000041.html

    https://www.soumu.go.jp/main_content/000799385.pdf

第3章

宇賀克也『地方自治法概説』（有斐閣、第10版、2023）

川﨑政司『地方自治法基本解説』（法学書院、第8版、2021）

駒林良則・佐伯彰洋編『地方自治法入門』（成文堂、第2版、2021）

松本英昭『新版 逐条地方自治法』（学陽書房、第9次改訂版、2017）

総務省ウェブサイト

    https://www.soumu.go.jp/main_content/000799428.pdf

首相官邸ウェブサイト

    https://www.kantei.go.jp/jp/singi/doushuu/index.html

第4章

宇賀克也『地方自治法概説』（有斐閣、第10版、2023）

川﨑政司『地方自治法基本解説』（法学書院、第8版、2021）

塩野宏『行政法Ⅲ 行政組織法』（有斐閣、第5版、2021）

松本英昭『新版 逐条地方自治法』（学陽書房、第9次改訂版、2017）

第5章

宇賀克也『地方自治法概説』（有斐閣、第10版、2023）

川﨑政司『地方自治法基本解説』（法学書院、第8版、2021）

塩野宏『行政法Ⅲ 行政組織法』（有斐閣、第5版、2021）

松本英昭『新版 逐条地方自治法』（学陽書房、第9次改訂版、2017）

第6章

宇賀克也『地方自治法概説』(有斐閣、第10版、2023)

川﨑政司『地方自治法基本解説』(法学書院、第8版、2021)

人見剛・須藤陽子編『ホーンブック地方自治法』(北樹出版、第3版、2015)

松本英昭『新版 逐条地方自治法』(学陽書房、第9次改訂版、2017)

第7章

宇賀克也『地方自治法概説』(有斐閣、第10版、2023)

川﨑政司『地方自治法基本解説』(法学書院、第8版、2021)

駒林良則・佐伯彰洋編『地方自治法入門』(成文堂、第2版、2021)

松本英昭『要説 地方自治法―新地方自治制度の全容』(ぎょうせい、第10次改訂版、2018)

第8章

宇賀克也『地方自治法概説』(有斐閣、第10版、2023)

財団法人地方自治総合研究所監修 / 今村都南雄・辻山幸宣編『執行機関―給与その他の給付』(逐条研究地方自治法Ⅲ、敬文堂、2004)

高部正男編『執行機関』(最新地方自治法講座6、ぎょうせい、2003)

松本英昭『新版 逐条地方自治法』(学陽書房、第9次改訂版、2017)

第9章

宇賀克也『地方自治法概説』(有斐閣、第10版、2023)

北村喜宣『分権改革と条例』(行政法研究双書19、弘文堂、2004)

斎藤誠『現代地方自治の法的基層』(有斐閣、2012)

松本英昭『新版 逐条地方自治法』(学陽書房、第9次改訂版、2017)

第10章

宇賀克也『自治体のための解説個人情報保護制度―個人情報保護法から各分野の特別法まで』(第一法規、改訂版、2021)

宇賀克也『新・情報公開法の逐条解説―行政機関情報公開法・独立行政法人等情報公開法』(有斐閣、第8版、2018)

岡村久道『個人情報保護法』(商事法務、第4版、2022)

庄村勇人・中村重美『デジタル改革と個人情報保護のゆくえ―「2000個の条例リセット論」を問う』(自治体研究社、2022)

友岡史仁編『情報公開・個人情報保護―自治体審査実務編』(信山社、2022)

第11章

板垣勝彦『地方自治法の現代的課題』（第一法規、2019）

川﨑政司・兼子仁『住民と行政をつなぐ自治体法の実践―法の役割を理解し政策を展開するために』（第一法規、2022）

小西砂千夫『基本から学ぶ地方財政』（学陽書房、新版、2018）

鈴木満『公共入札・契約手続の実務―しくみの基本から談合防止策まで』（学陽書房、新版、2022）

永山利和・中村重美『公契約条例がひらく地域のしごと・くらし』（自治体研究社、2019）

事項索引

判例索引

編者・執筆分担

池村好道（いけむら　よしみち）………………………第1章1節、第8章、第9章
白鷗大学法学部　教授／秋田大学　名誉教授

西原雄二（にしはら　ゆうじ）………………………………………第6章、第7章
日本大学法学部　教授

執筆者（五十音順）・執筆分担

齋藤康輝（さいとう　こうき）……………………………………第1章2節・3節
日本大学法学部　教授

佐藤由佳（さとう　ゆか）………………………………………………第2章、第3章
志學館大学法学部　専任講師

髙楠雅夫（たかはし　まさお）………………………………………第4章、第5章
日本大学法学部　特任教授

高橋義人（たかはし　よしひと）…………………………………第10章、第11章
中央学院大学法学部　教授

Next 教科書シリーズ 地方自治法 [第 2 版]

2019（令和元）年 9 月 15 日　初　版 1 刷発行
2024（令和 6）年 2 月 28 日　第 2 版 1 刷発行

編　者　池村　好道・西原　雄二
発行者　鯉渕　友南
発行所　株式会社 弘文堂　101-0062　東京都千代田区神田駿河台 1 の 7
　　　　　　　　　　　　　TEL 03（3294）4801　　振替 00120-6-53909
　　　　　　　　　　　　　https://www.koubundou.co.jp

装　丁　水木喜美男
印　刷　三美印刷
製　本　井上製本所

ISBN978-4-335-00254-0

Next 教科書シリーズ ■好評既刊